원하는 것이 있다면
끝까지 버텨라

급하고 성취욕 높은 당신을 위한 인내심 습관

THE POWER OF

PATIENCE

원하는 것이 있다면
끝까지 버텨라

M. J. 라이언 지음 | 이주영 옮김

추천의 말

이 책은 세상에 주는 진정한 선물이다. 통찰력과 차분하고 유용한 지혜로 가득 차 있다.
_리처드 칼슨, 《사소한 것에 목숨 설지 마라Don't Sweat the Small Stuff》 저자

나를 포함한 많은 사람들이 인내심 부족이라는 문제를 겪고 있다. 독자들도 내가 그랬던 것처럼 활기와 통찰력이 넘치는 이 책에서 배움을 얻을 것이다.
_랍비 해롤드 쿠슈너, 《왜 착한 사람에게 나쁜 일이 일어날까?When Bad Thing Happen to Good People》 저자

나는 저자가 쓴 책의 오랜 팬이었다. 그녀는 또 한 번 자기 자신을 넘어섰다. 이 책은 우리 모두가 추구하는 것, 바로 무한한 인내로 가는 문을 여는 실용적이고도 가슴 충만한 내용들로 가득 차 있다.
_제럴드 G. 잼폴스키 박사, 《신에게 가는 지름길Shortcuts to God》의 저자

인내심에 관한 한 우리는 오랜 습관을 바꿀 필요가 없다. 더 좋은 습관을 만들면 된다. 이 책이 그 방법을 보여준다.
_수 벤더, 《자연의 속도로 살기Plain and Simple》 저자

천천히 속도를 늦춰라

|

줄 서서 기다리다 보면 짜증이 치민다.
엘리베이터가 내려오는 걸 못 기다리고 애꿎은 버튼을 여러 번 누른다.
영화 줄거리가 전개되길 기다리기 지루해서 빨리 감기 버튼을 누른다.
책을 처음부터 끝까지 읽기 지루해서 요약본을 본다.
페이스북과 인스타그램을 계속 새로고침한다.
도로 위 난폭 운전, 온갖 종류의 폭력, 직장 내 분노 폭발,
이혼, 자녀에게 소리 지르기….
우리는 갈수록 조급해진다.
세상은 점점 더 빨리 돌아가고, 우리는 모두 그 속도를 따라가려고 노력한다.

우리에겐 숨 쉴 틈과 더 명확히 생각할 시간이 필요하다.

일러두기

국내 번역되어 출간된 책은 국내 출간 제목으로, 국내 미출간된 책은 제목을
번역하여 각각 원서 제목과 함께 실었다.

모든 것의 열쇠는 인내심이다.
닭은 달걀을 깨고 얻는 것이 아니라
부화시켜야 얻을 수 있다.

아놀드 H. 글래스고 Arnold H. Glasgow

○ 1장 ○

우리는 왜 점점 기다리는 게 어려워질까?   013

꺾이지 않고 버틸 수 있는 힘, 끈기 | 스트레스 받지 않는 강한 멘탈,
평온함 | 어떤 어려움이라도 받아들이는 능력, 수용

○ 2장 ○

마침내 큰 성공을 거둔 사람들의 비밀   031

인내심이 탁월함을 만든다 _____ 033
모든 일에는 계절이 있다 _____ 036
더 좋은 결정을 내리는 법 _____ 040
희망, 절대로 꺼지지 않는 마음 _____ 044
더 잘 참을수록 스트레스도 줄어든다 _____ 048
시간, 에너지, 돈 낭비를 줄여준다 _____ 051
어떻게 원하는 것을 얻는가 _____ 055
인내심을 기를수록 분노는 준다 _____ 059
타인의 감정을 공감하는 능력 _____ 063
끝까지 포기하지 않는 사랑 _____ 067
인내심은 우리를 더 좋은 부모로 만든다 _____ 070
기다릴 줄 아는 힘 _____ 074
시민성의 핵심이다 _____ 078
영혼을 성장시킨다 _____ 081

○ 3장 ○

태도가 성공의 반이다　　　　　　　　　　　　085

인내심을 키우는 방법　　　　　　　　————　088
인내는 선택이다　　　　　　　　　　————　092
이 또한 지나가리라　　　　　　　　　————　096
나사도 날개만큼 중요하다　　　　　　————　099
기다림은 삶의 일부분　　　　　　　　————　103
끝까지 포기하지 마라　　　　　　　　————　107
나는 어디를 향해 급히 가는가?　　　　————　110
지루함은 머릿속에 있다　　　　　　　————　113
너무 심각하게 받아들이지 마라　　　　————　117
주의를 기울이는 것만큼 주의를 접는 것도 중요하다 —— 121
한발 떨어져 더 넓은 시야로 보라　　　————　125
통제할 수 있는 것과 없는 것 사이　　　————　129
어떤 것은 기다릴 가치가 있다　　　　————　133
잘 될 것이다　　　　　　　　　　　————　136
시간은 필요한 만큼 걸리는 법이다　　————　139
나도 틀릴 수 있다　　　　　　　　　————　142
인내심을 얻게 하는 스승　　　　　　————　146
인내심의 한계는 어디까지인가　　　　————　149
지금 이 순간에 집중하라　　　　　　————　153

○ 4장 ○
인내심을 기르는 멘탈 연습   157

나의 인내심은 어느 정도인가   160
아침 10분, 나에게 집중하기   163
나는 언제 인내심을 발휘하는가   166
무엇이 조급증을 촉발시키는가   170
조기 경보 신호를 파악하라   174
3초 호흡으로 숨을 돌려라   177
중심을 잡아라   181
도로 위의 현자가 되라   186
미리 폭풍 경보를 발령하라   190
내면의 나와 대화하라   193
혈당을 유지하라   197
상황을 재구성하라   200
다른 할 일을 찾아라   204
나이 드신 부모님에게 인내심을 연습하라   207
마음으로 대하라   211
스스로에게 시간은 충분하다고 말해라   215
위험을 분석하라   218
원하는 것이 있다면 집중하라   222
나를 다 소진하지 말라   226
스스로에게 물어라, 여전히 날고 있는가?   230

○ 5장 ○
인내심을 높이는 더 간단한 방법들   233

○ 6장 ○
결국, 나 자신을 참을 수 있는 사람이 성공한다   241

감사의 말   _____ 246

THE POWER OF

PATIENCE

1장

우리는 왜 점점
기다리는 게 어려워질까?

주여

제게 인내를 주소서.

지금 즉시 주소서!

_ 오렌 아놀드Oren Arnold

이런 것들을 생각해보자.

- 일부 맥도날드 매장은 90초 안에 햄버거를 서비스하고 이 시간을 넘기면 무료로 제공한다.
- 의사 진료를 보는 데 걸리는 평균 시간은 8분이다.
- '질염을 치료할 시간이 없는' 여성들을 위한 일반의약품이 판매된다.
- 요즘 정치인들은 아무리 난해한 주제라도 질문에 답하는 데 고작 8.2초밖에 걸리지 않는다.
- 도쿄의 어느 인기 있는 무한리필 뷔페는 분 단위로 가격을 매긴다. 즉, 빨리 먹을수록 더 싸다.
- 히타치의 포터블 컴퓨터 사업부문장은 "속도는 신이고 시

간은 악마다"라는 슬로건을 내걸고 직원들을 독려한다.

- 고층 건물을 짓는 개발업자들은 층수의 상향 한계, 즉 사람들이 기꺼이 엘리베이터를 기다릴 수 있는 시간이 몇 초인지 알아냈다. 사람들은 15초까지는 기분 좋게 기다리지만 40초까지 기다려야 한다면 기겁한다.

오늘날 우리는 모두 허둥지둥 인생을 사는 것 같다. 끊임없이 움직이며 주변의 모든 것들, 모든 사람들이 더 빨라지기를 바란다. 기술 연구가 데이비드 셍크David Shenk가 말한 것처럼 스마트폰과 단축 번호 사이, 이메일과 페덱스 사이 "우리 문화에서 빠름이 사라졌다. 이제 사람들은 다양한 수준의 느림만 경험한다." 작가 제임스 글릭James Gleick은 행동 양식과 심장병 발병의 관계를 밝혀 성격 급한 A형 성격 유형을 분류해낸 심장 전문의 마이어 프리드먼Meyer Friedman이 만든 용어를 인용해, 사람들이 '조급증hurry sickness'에 걸렸다며 이를 더 직설적으로 표현했다.

나도 조급증이 있다. 컴퓨터가 얼마나 느리게 부팅되는지 참을 수가 없다. 실제로 최근에는 부팅 시간을 직접 재봤다. 1분이 채 걸리지 않았는데도 그 시간 내내 가만히 있을 수가 없었다. 나는 엘리베이터를 빨리 오게 하려고 버튼을 한 번 이상 눌러댄다. 다른 사람의 음성 메일 안내 메시지를 건너뛰려고 우물 정자를 누른다. 전자레인지는 1분 버튼을 사용하는데 직접 작동 시간을 누르는 것보다 더 빠르기 때문이다.

내 조급증은 정말 최악이다. 어제는 동네에 있는 복사 전문점에 갔다. 복사를 하고 돈을 내려고 줄을 섰다. 카운터 뒤에 있는 젊은 남자 직원이 나이 지긋한 할머니께 손자에게 소포 보내는 방법을 알려주느라 애쓰고 있었다. 내 앞에는 한 사람이 더 기다리고 있었다. 나는 속으로 이렇게 말했다.

'기다리기 정말 짜증 나네. 왜 여기 직원이 저 사람뿐이야? (분노) 적어도 복사비가 얼마인지 써 붙여 놓으면 기다리지 않고 돈을 낼 수 있는 거잖아? (1분 지남. 더 분노) 이러고 있을 시간이 없는데. 더 중요한 일이 있다고. 여기에서 죽치고 있을 수 없어. 집에 가서 인내심에 관한 책을 써야 하는데!'

더 이상 참을 수가 없었다. 줄을 서 있다가 불쑥 "복사 한 장에 얼마예요?"라고 묻자 당황한 직원이 "10센트입니다"라고 대답했다. 내가 내야 할 복사비는 40센트였지만 나는 1달러를 던져놓고 가게를 뛰쳐나왔다. 이 상황이 아이러니하다는 생각은 차를 몰고 그곳을 떠날 때까지도 하지 못했다.

조급증을 다른 말로 하면 인내심 부족이고, 이 문제로 고생하는 사람이 분명 나 하나만은 아닐 것이다. 도로 위 난폭 운전, 온갖 종류의 폭력, 직장 내 분노 폭발, 이혼, 자녀에게 소리 지르기… 이런 모든 문제와 기타 세계적으로 나타나는 여러 문제 현상을 추적해보면 인내심 부족에서 일부라도 그 원인을 찾을 수 있다.

얼마 전 캘리포니아주는 "고깔을 세워둔 공사 지역에서는 속도를 늦추자"는 공익 광고를 내보냈다. 인부들의 교통사고 사망사고가 너무 많아서 공사 현장에서는 시속 110킬로미터에서 시속 90킬로미터로 주행 속도를 늦추자는 캠페인이었다. 이 광고는 1.6킬로미터 공사 구역을 시속 90킬로미터로 갈 때와 시속 110킬로미터로 갈 때 시간 차이는 10초라고 설명했다. 고작 1.6킬로미터를 10초 더 빨리 가려고 사람들이 죽어나간 것이다!

사실 세상이 더 빨리 돌아갈수록 우리가 발휘할 수 있는 인내심은 더 적어지는 것 같다. 인내심 부족이 문제가 되는 이유는 인생에는 줄서기, 교통 체증, 자동 응답 메시지 등 형태로 어느 정도의 지체가 불가피하게 존재하기 때문이다. 무엇보다도 인내심이 부족하면 어려움들이 생긴다. 인생에는 질병, 장애, 관계 갈등, 직업적 위기, 육아 문제 등 더 복잡한 문제들이 있고 우리는 이런 문제에 대처하기 위해서뿐만 아니라 사랑과 지혜를 키우기 위해 인내심을 연습해야 하기 때문이다.

인내심이 없으면 삶이 던져주는 가르침으로부터 진정으로 배울 수 없다. 성숙할 수가 없다. 짜증 내는 아기 단계에 머무르며,

만족감을 순간 이상으로 길게 연장하지 못하고 정말 원하는 것을 향해 헌신적으로 노력할 수 없다. 단순히 더 빠른 삶이 아니라 더 넓고 깊은 삶을 살고 싶다면 나 자신, 다른 사람들, 인생의 여러 크고 작은 상황에 대해 인내심을 연습해야 한다.

출판인으로서 200권이 넘는 책을 출간하고 작가로서 22권을 저술하다보니 나는 사람들이 살면서 더 많은 인내심을 갖고 싶어 한다는 것을 알게 되었다. 내가 글을 쓰고 있는 주제에 대해 말했을 때 열렬히 "나도 인내심이 필요해!"라고 말한 사람은 없었다. 하지만 이 책에 대해 들은 사람들은 모두 비슷한 취지의 말을 했다. 세상은 점점 더 빨리 돌아가고 우리는 모두 그 속도를 따라가려고 노력한다. 지금만큼 인내심이 필요한 적은 없었다. 그리고 이렇게 부족한 적도 없었다.

우리는 이 상태를 바꿀 수 있다. 올바른 자세와 약간의 연습으로 인생에서 인내의 힘을 활용하는 법을 배울 수 있다. 급하고 성취욕 높은 A형 성격 유형의 중년 여성인 내가 할 수 있다면 여러분도 할 수 있다. 동기부여(인내심을 갖고 싶다는 의지)와 인식(내적 풍경에 관심을 기울이는 것), 수양(연습)이 있으면 된다.

인내심은 강화할 수 있는 인간의 특징이므로 연습으로 키우는 것이 가능하다. 우리에겐 이미 필요한 것이 있다. 벌써 인내심을 가지고 있다는 말이다. 아니라면 어떻게 학교를 졸업하고

원하는 것이 있다면 끝까지 버텨라

사랑을 배우고 직장을 잡았겠는가? 다만 무엇이 인내심을 갖는 데 도움이 되는지, 무엇이 인내심 부족을 촉발하는지, 인내심이 약해졌을 때 어떻게 해야 하는지 항상 아는 것이 아닐 뿐이다.

가장 중요한 점은 인내심은 발휘하는 것이지 소유하거나 소유하지 못한 자질이 아니라는 것이다. 마치 근육과 같다. 모든 사람은 근육이 있지만 어떤 이들은 운동을 통해 남들보다 더 강한 근육을 갖는다.

인내심도 똑같다. 지금 당장 인내심을 더 잘 발휘하는 사람들이 있지만 우리도 연습을 통해 더 발전할 수 있다. 이것이 이 책의 내용이다.

우리는 이 책에서 인내심의 중요성, 즉 인내심이 우리에게 어떤 도움이 되고, 오늘날 왜 그렇게 중요한지, 어떻게 하면 더 인내심 있는 사람이 될 수 있는지에 대해 생각해볼 것이다. 나의 개인적인 이야기는 물론 인내심에 관해 수세기 동안 전 세계에서 축적되어온 지혜로운 생각들을 살펴보고, 영감을 주는 광범위하고 정신적인 관점에서 인내심을 바라볼 것이다. 인내심에 대해 연구해야겠다는 생각은 행복하고 의미 있는 삶을 살기 위한 나의 여정에서, 그리고 다른 사람들도 이런 삶을 살게 돕고 싶다는 열정에서 비롯됐다.

행복하고 의미 있는 삶을 사는 것은 내 평생의 과업이었지만 이것이 구체화되기 시작한 것은 20년 전쯤 코너리 출판사 Conari Press의 편집장으로 있을 때 친구 몇 명과 함께《나눔의 행복 Random Acts of Kindness》이라는 작은 책을 만들면서부터였다. 당시 낯선 사람들에게 사소하지만 친절한 행동을 하자는 아이디어는 막연히 좋은 생각 같았는데, 막상 그 효과를 보고 들으니 내가 어쩌다 굉장히 중요한 것을 발견했다는 사실을 깨달았다. 갑자기 무작위한 친절을 베풀었거나 그런 친절을 받은 사람들로부터 자신이 경험한 기쁨에 대해 쓴 편지가 쇄도했다. 그중에서도 결코 잊지 못할 편지는 자살을 생각했지만 우리 책을 읽은 후 인생이 어쩌면 살만한 가치가 있을지도 모르겠다고 마음을 바꿨다는 한 고등학생이 보낸 것이었다.

나는 행복을 만들어내는 친절의 힘에 매료됐고 계속해서 이 주제에 대해 다룬 책을 시리즈로 출판했다. 낯선 사람은 물론이고 가까운 사람들에게도 더 친절해지려고 노력했다. 그랬더니 아니나 다를까 자살하지 않기로 마음먹은 소년처럼 나도 더 행복해졌다.

그러자 친절에 이렇게 긍정적인 효과가 있다면 우리 코앞에 존재하는 미덕 중 또 어떤 것이 비슷한 결과를 낼 수 있을까 궁금해지기 시작했다. 먼저 감사하는 마음에 관심을 돌렸다. 가진 것에 감사하는 마음을 기르면 기를수록 행복은 커졌고 두려움은 줄었다. 다시 한 번 이 경험을 《감사 Attitudes of Gratitude》라는 책으로 썼고, 이 책 역시 공감을 불러일으켰다. 또다시 편지가 많이 도착했는데 이번에는 감사함의 힘에 대해 적은 것들이었다.

가진 것에 대한 인식, 즉 감사함에 대해 공부하다보니 자연스럽게 다른 사람에게 자기 자신과 자원을 베푸는 관대함에 대해 관심을 갖게 됐고 《줌 The Giving Heart》이라는 책을 내게 됐다. 그리고 여기에서 또다시 인내심으로 관심이 옮겨갔다. 설사 상황이 늘 원하는 대로 흘러가지는 않더라도 인내심을 기르면 기를수록 더 행복해지고 더 평화로워진다.

내가 조금만 더 인내심을 발휘했더라면 복사 전문점에서 돈을 지불하는데 걸렸을 (아마) 5분을 차분히 기다릴 수 있었을 것이다. 짜증과 분노의 부정적인 감정을 갖지 않았을 테고 가게에 있는 다른 사람들의 기분을 망치지도 않았을 것이다. 혈압은 낮게 유지되고 면역력도 건강히 유지됐을 것이다. 설사 기다리더라도 더 만족스러웠을 것이다!

실로 인내심에 대해 더 공부하고 이를 연습할수록 인내심이 만족스러운 삶을 사느냐 못 사느냐를 가름 짓는 결정적인 요소라는 것을 알게 됐다. 인내심은 우리에게 자제력을 주고 멈춰 서서 현재에 충실할 수 있는 능력을 준다. 여기에서부터 우리는 현명한 선택을 할 수 있다. 인내심이 있으면 다른 사람들을 더욱 사랑할 수 있고, 살아가면서 처하는 상황을 더욱 편히 받아들일 수 있으며, 원하는 것을 더 잘 얻을 수 있다. 인내심은 보다 건강한 관계, 더 수준 높은 업무 성취도, 마음의 평화라는 성숙함과 지혜의 결실을 끊임없이 보상해준다. 인내심은 우리를 최상의 상태에 있게 한다. 그리고 최선을 다하게 하는 정신과 마음의 세 가지 필수 요소인 끈기, 평온함, 수용을 통해 이 같은 마법을 이루어낸다.

꺾이지 않고 버틸 수 있는 힘, 끈기

인내심은 목표와 꿈을 향해 꾸준히 나아갈 수 있는 능력, 다시 말해 '버틸 수 있는 능력'을 준다. 정서 지능에 관한 최근 연구에 따르면 이런 끈기의 영향은 아이큐 점수 여러 점에 맞먹는다. 평균적으로 미국에 거주하는 아시아계 학생들의 아이큐 점수는 백인 학생들의 아이큐 점수와 비교했을 때 불과 1, 2점 차이밖에 나지 않는다. 그러나 아시아계 학생들은 대개 어렸을 때부터 끈기를 배우기 때문에 결국 전체적으로 훨씬 더 높은 평균 아이큐를 지닌 것처럼 행동하고 일류대 진학률과 고학력 직업군에 대한 취업률에서 훨씬 더 높은 성취를 보인다.

원하는 것이 있다면 끝까지 버텨라

〈패스트컴퍼니Fast Company〉는 닷컴 붕괴 이후에도 무너지지 않은 몇 안 되는 기술·경제 전문 잡지 중 하나로 이 회사를 설립한 창업자의 인터뷰를 읽은 적이 있다. 그는 시대의 새로운 사상을 반영하는 잡지를 만들어야겠다는 아이디어를 가지고 있었고 큰 어려움이 있었음에도 계속 그 꿈을 좇았다. 개인 신용카드를 담보로 돈을 빌리고 투자자들을 모으기 위해 전국을 돌아다녔다. 그의 아이디어를 받아들이는 사람은 아무도 없었다. 그래도 그는 열정적으로 자신의 아이디어를 믿었고 포기하지 않았다. 말 그대로 마지막 한 푼까지 떨어져서 더 이상 아무 선택권도 남지 않았던 그날, 그는 잡지 창간으로 이어지는 기회를 잡았고 결국에는 출판 대기업에 엄청난 금액으로 잡지를 매각할 수 있었다.

역경에도 불구하고 끈질기게 버텨 마침내 큰 성공을 거둔 사람들의 이야기는 많다. 예를 들어, 월트 디즈니Walt Disney는 302번을 거절당한 끝에 디즈니랜드를 위한 투자금을 유치할 수 있었다. 조지 루카스George Lucas는 그의 비전을 믿어준 사람이 아무도 없어서 자비로 〈스타워즈〉를 만들었다. 영화를 개봉했을 때는 완전히 빈털터리였다. 그러나 이 영화나 속편에 대한 권리를 아무에게도 팔지 못했기 때문에 결과적으로 엄청난 부자가 됐다.

난관을 헤치고 참을성 있게 계속 노력한다고 해서 꼭 패스트컴퍼니 창업자나 월트 디즈니, 조지 루카스처럼 엄청난 보상을 거두게 된다는 뜻은 아니다. 다만 개인적으로 어떤 꿈을 가졌든 그것을 이룰 확률은 분명히 높아진다.

스트레스 받지 않는 강한 멘탈, 평온함

인내심은 영혼의 평온함을 준다. 인내심이 있으면 내면의 경험은 거친 강보다는 고요한 연못에 가깝다. 삶이 던지는 모든 상황(비행기가 취소되거나, 동료가 마감 시간을 넘기거나, 배우자가 할 일을 잊는 등) 때문에 분노, 공포, 두려움에 빠지기보다는 이런 상황을 한 발 물러나 객관적으로 보며 냉정함을 유지할 수 있다.

마음에 평정을 가지면 주변 사람들의 기분을 망치는 성질 나쁜 투덜이가 되는 대신 상황이 잘못됐을 때 사람들이 편안함과 유머를 찾아 기대는 사람이 된다. 예수회 사제이자 작가인 앤소니 드 멜로Anthony de Mello는 "괜찮아요, 괜찮아요. 모든 게 엉망이어도 괜찮아요"라고 쓰면서 이런 태도에 대해 이야기했다.

인내심이 있으면 밖에서 무슨 일이 일어나든 내면의 침착함을 더 쉽게 유지할 수 있다. 무슨 일이 일어나도 내게 해결할 능력이 있다고 믿게 된다. 그리고 이런 믿음이 엄청난 마음의 평화

원하는 것이 있다면 끝까지 버텨라

를 가져다준다.

그 한 가지 이유는 인내심의 동의어가 평정심self-possession이기 때문이다. 나는 평정심이란 말을 굉장히 좋아하는데, 이 말은 인내심을 가졌을 때 나 자신이 스스로의 책임자라는 사실을 떠오르게 하기 때문이다. 우리는 감정에 지배당하지 않고 주어진 사건에 어떻게 반응할지 선택할 수 있다. 이런 식으로 인내심은 배의 중심축과 비슷한 역할을 한다. 우리가 원하는 방향으로 계속 나아가면서 폭풍우가 몰아치는 바다에서 안정을 유지할 수 있게 해준다.

어떤 어려움이라도 받아들이는 능력, 수용

인내심은 살아가면서 마주하는 장애물들을 우아하게 견딜 수 있는 능력, 인생에 닥친 어려움에 용기, 강인함, 낙천성을 가지고 대응할 수 있는 능력을 준다. 사업에 실패하거나 사랑에 실망하는 것, 심각한 신체적 장애가 있거나 돈 문제가 있는 것 등은 인생에서 직면할 수 있는 시련 중 극히 일부에 지나지 않는다. 이런 상황에서 인내심을 갖는다는 말이 나를 향해 날아오는 커브 공을 반겨야 한다는 뜻은 아니다. 다만 산다는 것에는 이러한 문제들이 수반된다는 사실을 인정하고 괴로움이나 복수, 절망 같은 추가적인 고통을 더하지 말아야 한다는 것이다. 징징대고 불평하기보다는 소매를 걷어붙이고 당면한 일에 달려들어야 한다.

"괜찮아요"라는 수용의 형태로 나타나는 인내심은 인간으로서 우리는 모두 한계가 있다는 사실을 인식함으로써 타인에 대한 공감을 갖게 한다. 인내심은 친절을 베풀고 연민을 느낄 수 있는 정서적 회복력을 제공한다.

내게 고마움을 느끼지 않는 연로한 부모님을 애정을 기울여 보살필 때, 유난스러운 두 살배기에게 가구에 기어오르면 안 되는 이유를 47번째 차분하게 설명할 때 우리는 탐탁지 않은 상황을 견디며 인내심을 발휘하고 있는 것이다. 그런 상황이 나처럼 단지 행복하기를 바라는 결함 있는 인간에 의해 만들어졌다는 사실을 이해하기 때문이다.

이렇게 타인을 있는 그대로 받아들이고 삶을 현재 모습 그대로 받아들임으로써 우리는 인간으로서 진정한 힘과 아름다움을 증명해낸다. 모든 게 잘 굴러갈 때는 받아들이기가 쉽다. 그러나 일이 원하는 대로 흘러가지 않아 인내심을 발휘할 때 우리는 진정 영웅처럼 빛난다.

인내심을 발휘했을 때를 잠깐 떠올려봐라. 어떤 상황이었는

원하는 것이 있다면 끝까지 버텨라

가? 불안할 수 있는 상황을 진정시켰는가? 발끈 화를 내지 않고 아끼는 사람에게 더 잘 대해줬는가? 어떤 느낌이었는가? 무엇 때문에 인내심을 가지고 행동할 수 있었는가? 그 결과 무슨 일이 일어났는가?

이제 다른 사람이 나에게 인내심을 가졌던 때를 생각해보자. 그 사람이 나를 어떻게 대했는가? 그때 느낌이 어떠했는가? 그 결과 무엇을 배울 수 있었는가?

인내심이 너무 중요하기 때문에 모든 종교에서는 따라야 할 모델을 제시한다. 불교에서는 부처의 인내를 실천하는 것이 깨달음에 도달하는 방법 가운데 하나라고 가르치며, 코란에는 인내가 신의 99가지 신성한 특성 중 하나라고 쓰여있다. 구약성서에서 욥은 인내의 완벽한 전형이며, 기독교인들은 예수의 삶과 희생에서 영감을 받는다.

인내심의 가치가 워낙 크기 때문에 간혹 인내심을 더 '가져야 한다'고 말하는 사람들이 있다. 어쩌면 이 말은 우리가 스스로에게 또는 자녀들에게 하는 말이다. (맞다, 내가 이렇게 말한다.) 그런데 효과가 있었는가? 아마 아닐 것이다. 단순히 뭘 해야 한다고 말하고, 하지 않을 때 벌주는 것은 효과적이지 않다. 이것은 그저 비난과 수치심을 불러일으킬 뿐이다.

참지 못하는 것은 습관이다. 마찬가지로 참는 것도 습관이다. 습관을 바꾸려면 강력한 동기 부여가 필요하고 이것은 새로운 행동으로 어떤 보상이 따라오는지 아는 데서 비롯된다. 이것이 2장에서 인내심이 어떻게 성공한 사람들의 삶을 변화시켰는지, 인내심이 주는 선물을 먼저 살펴보는 이유이다. 다음으로는 원하는 변화를 불러일으킬 수 있는 태도가 필요하다. 3장에서는 살면서 반드시 필요한 인내심 습관을 강화시키는 정신적인 태도에 대해 다룬다. 마지막으로 변화의 도구가 있어야 한다. 새로운 행동을 실험하고 이런 행동이 우리 삶에 미치는 영향을 알아야 한다. 4장에서는 줄서기, 육아, 노부모 봉양, 교통 체증, 통화 연결 기다리기, 사랑을 기다리는 일처럼 일상에서 처하는 스트레스 상황에서 마음의 습관을 기를 수 있는 여러 가지 방법들을 소개한다.

이 책은 천천히 읽고 충분히 느끼며 늘 함께 해야 하는 책이다. 인내심을 연습할 때는 책에 나온 모든 방법을 실천해야 한다고 생각하지 않기를 바란다. 전부 실천해야 한다는 생각이 오히려 실천을 방해할 수 있다. 끌리는 한두 가지부터 시작해라. 사람마다 어떤 방법이 가장 효과적일지 알 수 없기 때문에 나는 여러 가지 아이디어를 제안했다.

인내심을 기르는 것은 정신적인 훈련일 뿐만 아니라 영혼의 일이며 연습과 시간이 필요하다. 나는 지금까지 몇 년 동안 의식

원하는 것이 있다면 끝까지 버텨라

적으로 인내심을 연습해왔는데도 여전히 벌컥 화를 내는 때가 있다.

나는 여러분에게 내가 인내심을 연습했던 이야기와 지금도 배우고 있는 내용들에 대해 알려줄 것이다. 나를 함께 여행하는 여행자라고 생각해라. 이 책에서 나는 인내심을 통해 보다 흔들림 없고 안정적이며 더 강하고 사랑스러운 사람이 되는 방법, 만나는 모든 이들에게 더 큰 영향을 미치는 방법을 함께 탐구하면서 여러분에게 내 손을 빌려줄 것이다.

이 과정은 우리의 시간, 우선 순위, 삶과 삶의 요구에 대응하는 능력을 되찾게 해 흥미진진할 것이다. 인내심이 있으면 우리는 삶에 주도권을 잡는다. 인내심은 나 자신과 지금의 상황에 만족하며 스스로의 존재에 단단히 뿌리내리게 한다. 인내심은 우리를 더 행복하게 만들고 성공으로 이끌며 매일 더 큰 마음의 평화를 가져다준다. 이런 초대를 누가 거절하겠는가?

나의 바람이자 기도는 이 책이 여러분 마음속의 인내심을 키우는데 도움이 되는 것, 그리고 여러분과 나의 노력이 세상에 잔물결을 일으키며 퍼져나가 큰 해일을 만드는 것이다. 인간 영혼의 공동체인 우리가 인내심의 힘을 활용한다면 결국 해결하지 못할 문제가 없기 때문이다.

THE POWER OF

PATIENCE

2장

마침내 큰 성공을 거둔
사람들의 비밀

THE POWER OF PATIENCE

영혼에 왕다운 위엄을 주는 것이 있다면
그것은 인내심이다.
위대한 일을 성취하고
많은 사람들에게 영감을 주고
수많은 영혼을 구한 대가들의 비밀은 무엇이었을까?
바로 인내심이었다.

_이나얏 칸Inayat Khan

우리는 무엇인가에 대해 배우기 전이면 늘 왜 그렇게 고생해야 하는지 이유를 알려고 한다. 이것은 냉소적인 질문이 아니라 진정한 호기심에서 비롯된 질문이다. 무엇인가를 배우는 일에는 욕구가 필요하므로 그것이 왜 에너지를 들여 노력할 가치가 있는지 알아야 한다. 이것이 우리가 들인 노력의 대가로 얻게 될 것, 인내심이 많아졌을 때 받게 되는 보상을 먼저 살펴보는 이유이다.

원하는 것이 있다면 끝까지 버텨라

인내심이 탁월함을 만든다

재능은 긴 인내심이다.

_귀스타브 플로베르Gustave Flaubert

우리는 모두 전구에 대해 알고 있지만 토머스 에디슨Thomas Edison
이 주식 시세 표시기와 자동투표기록장치, 자동 전신기계, 광부
용 안전 전기 램프, 형광등, 영화 촬영기, 축음기도 발명했다는
사실을 알고 있는가?

에디슨은 전구를 발명하면서 이런 말을 남겼다. "나는 700번
실패한 것이 아니다. 한 번도 실패하지 않았다. 700가지 방법이
효과가 없다는 사실을 증명하는데 성공한 것이다. 효과가 없는
방법을 전부 소거하면 효과가 있는 방법을 찾게 될 것이다."

나는 여러 해 동안 인내심에 대해 연구해왔지만 인내심과 탁
월함 사이의 연관성을 보게 된 것은 불과 몇 달 전이었다. 사회

철학자 에릭 호퍼Eric Hoffer는 "모든 진정한 재능의 핵심에는 성취에 당연히 내재된 어려움에 대한 인식, 끈기와 인내심으로 가치 있는 무엇인가를 실현할 것이라는 자신감이 있다. 따라서 재능은 정신력의 한 종류이다"라고 말했다. 프랑스의 철학자이자 수학자인 조르주 루이 르클레르 드 뷔퐁George Louis Leclerc de Buffon은 "천재는 인내에 대단한 소질을 가진 사람일 뿐이다"라며 에릭 호퍼와 같은 말을 했다.

이들 사상가들은 천재는 길러지는 것임을 일깨워준다. '날 것의' 재능은 한계가 있다. 그림 그리기, 글쓰기, 컴퓨터 다루기, 골프치기, 사랑하기, 육아하기 등 재능은 자꾸자꾸 갈고 닦아야 한다. 우리가 무엇을 잘하게 되려면 모두 오랜 노력이 필요하다. 이것은 속도가 느리든 빠르든 우리가 그 과정을 인내할 때에만 가능하다.

이를 확인해 주는 연구 결과들이 있다. 예를 들어, 플로리다대학교의 한 연구원은 전문가의 숙련도를 얻으려면 평균 10년을 연습해야 한다는 사실을 발견했다. 정말 인내심이 많아야 한다!

몇 년 전 갤럽Gallup Organization은 탁월함에 관한 획기적인 조사 결과를 발표했다. 2백만 명을 대상으로 한 조사에서 탁월한 사람들은 본인이 잘 하는 것을 알고 그것을 훨씬 더 많이 연습하는 것으로 나타났다. 이들은 약점에 대해 걱정하는 대신 나만이

원하는 것이 있다면 끝까지 버텨라

가진 강점의 특별한 조합을 극대화될 때까지 파고들었다. (덧붙여서 갤럽의 조사 결과 이런 강점의 조합은 3천 3백만 가지나 있다. 이것은 당신만의 특별한 강점이 3천 3백만 가지 중 하나라는 의미이다. 따라서 끈기의 힘만 있다면 누구나 자기만의 독특한 천재가 될 수 있다.)

시간이 지날수록 맛이 깊어지는 고급 와인처럼 우리는 인내심으로 잠재력을 채운다. 이를 통해 탁월함이라는 독특한 브랜드를 세상에 내놓을 수 있다. 이것은 별것 아닌 일이 아니다. 세상은 우리 개개인이 내놓을 수 있는 최상의 것을 간절히 필요로 하기 때문이다.

모든 일에는 계절이 있다

아마 모든 지혜 중 으뜸은 기다림을 위한 인내심일 것이다.

이것은 씨앗을 심고 나무가 열매를 맺게 하는 지혜이다.

_존 맥에너티John MacEnulty

나와 함께 일했던 한 여성이 있었다. 이 여성을 메레디스라고 하자. 그녀는 평생 아메리칸 드림을 좇으며 살아왔다. 아이비리그에 진학했고 억대 연봉을 받는 직업을 가졌으며 조직의 사다리를 올라가 임원이 됐다. 그러다 40대 중반에 이르러 자신이 이룬 성취를 돌아보았는데 큰 공허함이 느껴졌다. 엄마와 아내로서의 역할을 제외하고는 인생에서 어떤 것도 의미가 없는 것처럼 보였다. 메레디스는 직장을 그만두고 다음에 무엇을 해야 할지 고민하면서 나를 찾아왔다.

내가 가장 처음으로 한 일 중 하나는 그녀에게 모든 살아있는

원하는 것이 있다면 끝까지 버텨라

것들처럼 사람도 계절을 겪는다는 사실을 알려준 것이었다. 만물이 흥미롭고 신선해 보이는 새로운 가능성의 봄, 에너지와 창의력이 만개한 결실의 여름, 흥미를 잃기 시작하는 환멸의 가을, 공허함을 느끼고 다시는 열심히 살 수 없을까봐 두려워하는 불만의 겨울. 그녀는 겨울이었다.

이런 순환은 모든 인간이 겪는 자연스러운 과정이지만 우리는 스스로를 자연의 외부에 있다고 생각하는 것에 너무 익숙해져서 잘 인식하지 못한다. 그래서 여름에 머무르기 위해 노력하면서 약을 먹거나 주의를 딴 데로 돌리거나 달리 가을이나 겨울에 들어가지 않기 위해 노력한다.

그러나 이런 자연의 순환은 오이와 크로커스 꽃은 물론이고 인간에게도 성장 과정이다. 계절이 올 때 그 계절을 겪지 않으면 결코 성장할 수 없다. 우리의 낡은 존재 방식, 오래된 우선순위와 관심사를 버릴 때에만 새로운 것을 위한 공간을 만들 수 있기 때문이다.

정원사라면 누구나 이렇게 말하겠지만 자연의 순환에는 인내심이 필요하다. 씨를 심고 다음날 꽃이 피기를 기대할 수는 없다. 과정을 서두르기 위해 잎을 잡아당기거나 꽃봉오리를 펼칠 수도 없다. 심지어 무처럼 빨리 자라는 채소조차 시간이 필요하다.

우리도 마찬가지다. 인내심을 연습하면 삶의 자연스러운 리듬과 더욱 조화를 이룰 수 있다. '모든 일에는 계절이 있다'는 사실을 기억하고 삶이 지금과 달라지도록 재촉하던 것을 멈춘다. 겨울은 필요한 만큼 오래 계속되겠지만 언제나 끝이 있다. 여름도 그렇다. 이것이 자연의 법칙이다.

이것이 언젠가 메러디스가 내면의 겨울은 언제쯤 끝나느냐고 절망적으로 물었을 때 내가 그녀에게 해 준 대답이다. 언제가 될지는 모르겠지만 겨울은 끝날 것이고 정원사처럼 메레디스도 봄을 준비하기 위해 할 수 있는 일들이 있다고 답했다. 자신에게 정말 중요한 것이 무엇인지, 어떤 재능을 가지고 있는지, 어떤 유산을 남기고 싶은지 살펴보는 일들 말이다. 앞으로 무엇이 다가올지는 모르지만 겨울은 다가올 날을 준비하기에 이상적인 계절이다.

메레디스와 나는 1년 정도 함께 대화를 나눴다. 그녀는 스스로를 열심히 준비시켰고 인내심을 길렀다. 그러다가 마침내 새로운 사업 가능성에 다시 흥분을 느꼈고 그것을 이루기 위해 떠났다. 얼마 후 우편으로 카드 한 장이 왔다. 종이에 꽃씨가 박힌 인사 카드였다. 거기에는 이렇게 적혀 있었다.

"다시 봄이 올 것을 믿지 못할 때 믿음을 주셔서 감사합니다. 이 씨앗은 아무것도 없는 것 같았던 때 선생님께서 찾도록 도와

원하는 것이 있다면 끝까지 버텨라

주신 그 씨앗들입니다."

　우리는 살아 있는 생명체이고 자연의 일부이며 단단한 참나무나 아주 작은 청개구리처럼 자연의 순환에 영향을 받는다. 인내심은 우리가 이런 자연의 연결을 느낄 수 있게 한다.

더 좋은 결정을 내리는 법

한 줌의 인내심이 한 말의 머리보다 낫다.

_네덜란드 속담

한밤중이었다. 딸 애나는 두 살이었고 고열이 나고 있었다. 우리는 타이레놀을 먹이고 딸을 남편과 나 사이에서 재웠다. 30분쯤 뒤 아이는 울면서 일어났다. 나는 당황해서 옆에 있던 남편 돈에게 (다섯 걸음쯤 떨어져 있는) 화장실에 뛰어가서 체온계를 가져오라고 소리 질렀다. 돈은 천천히 화장실에 갔다 오더니 침착하게 애나의 체온을 쟀다. 다행히 애나의 열은 더 오르지 않았다. 하지만 나는 아니었다. 나는 열불이 뻗쳤다!

애나가 다시 잠들자마자 나는 돈에게 맹렬히 퍼부었다.

"그렇게 천천히 움직이다니. 응급상황이었다고! 당신 목숨이나 우리 딸의 목숨이 달려 있어도 그렇게 느릿느릿할 거야!"

원하는 것이 있다면 끝까지 버텨라

남편은 조용히 대답했다.

"애나는 발작적인 상태였고 당신은 놀랐잖아. 가능한 침착하는 게 제일 좋을 것 같았어. 뛰어간다고 체온계를 더 빨리 가져오지도 못했을 테고 혼란만 가중시켰을 거야. 내 방식대로 해도 총 1분도 걸리지 않았어."

남편을 쳐다봤다. 돈은 침착했고 집중하고 있었다. 나로 말할 것 같으면 땀을 흘리면서 심장은 쿵쾅대고 있었고 눈물이 터질 것 같았다. 그 순간 우리 둘 중에 비상사태에 더 잘 대처할 수 있는 사람이 돈이라는 사실은 흥분해 있었던 나에게도 분명해 보였다. 온갖 끔찍한 사고에 대처하며 안전 요원으로 일했던 10대 시절부터 나는 위기 상황이 닥치면 당황해서 허둥대는 것보다 침착한 편이 훨씬 낫다는 것을 알고 있었다. 침착하지 않으면 감정이 타당한 결정을 내릴 수 있는 뇌의 이성적인 부분을 집어삼킨다.

만약 내가 인내심을 가지고 위기 모드에 들어가지 않을 수 있었다면 그 순간 애나에게 훨씬 더 도움을 줄 수 있었을 것이고, 서둘러 병원에 갈 것인지 다시 잠을 재울지 더 잘 판단할 수 있었을 것이다. 나는 애나의 체온이 오르지 않았다는 사실을 확인하기 위해 60초를 기다리는 대신 스스로에게 끔찍한 일이 일어나고 있다고 말하며 내면의 패닉 버튼을 눌렀다.

인내심이 있으면 판단을 흐리는 무서운 이야기에 빠지지 않음으로써 더 나은 결정을 내릴 수 있다. 〈아멜리에Amelie〉라는 멋진 영화의 후반부에는 주인공 아멜리에가 마침내 사랑하는 남자에게 언제 어디에서 만나자고 메시지를 보내는 재미있는 장면이 나온다. 남자는 약속된 장소에 나타나지 않는다. 아멜리에는 두 가지 가능성을 생각한다. 첫째, 남자가 메시지를 받지 못했다. 둘째, 남자가 자동차에 치였고 열차 사고를 당했고 총에 맞고 납치당해서 아프가니스탄에 보내졌다가 결국 산꼭대기에 혼자 살아남게 됐다. 모두가 공감할 수 있는 장면이다. 끔찍한 시나리오를 상상해 스스로를 겁먹게 하는 것은 지극히 인간적일뿐만 아니라 좋은 선택을 내리는 데도 크게 해롭다.

인내심이 있으면 삶에 이런 식으로 접근한다. 어떤 일이 일어나고 있는데 그 결과는 나쁠 수도 있고 좋을 수도 있다. 좋든 나쁘든 나는 해결할 수 있다. 화를 내는 건 특히 결과가 나오기도 전에 상황을 더 악화시킬 뿐이다. 언젠가 마크 트웨인이 "내 인생에서 겪었던 최악의 문제는 일어나지 않은 일들이었다"고 말한 것처럼 말이다.

당신은 어떤지 모르겠지만 나는 결과를 차분히 기다릴 수 없어서 일어나지 않은 일들에 대해 초조해하는 때가 많았다. 따라서 인내심을 기르면 기를수록 더 침착해진다는 사실을 알게 되

원하는 것이 있다면 끝까지 버텨라

니 크게 안심이 됐다. 게다가 더 많이 침착해질수록 불필요한 걱정과 공포에 빠지기에 앞서 더 많은 정보를 모을 수 있다.

인내심을 실천했을 때 다른 보상은 없이 오직 더 나은 결정을 내릴 수 있는 능력, 특히 위기 상황에서의 판단 능력만 길러진다고 해도 인내심은 충분히 노력할 가치가 있다.

희망, 절대로 꺼지지 않는 마음

인내는 희망의 기술이다.

_뤽 드 보브나르그 Luc de Vauvenargues

남아프리카공화국의 인종 차별 정책, 아파르트헤이트에 저항했다는 이유로 수감된 넬슨 만델라 Nelson Mandela 는 남아프리카공화국의 감옥에서 27년을 보냈다. 그는 그 오랜 세월을 학대와 굶주림이 만연한 모욕적인 환경(악명 높은 로빈스 섬 교도소에 도착하자마자 교도관들은 만델라에게 소변을 보면서 "너는 여기서 죽게 될 거야"라고 말했다)에서 보냈음에도 백인들에게 증오심을 품지 않았다. 그는 흑인과 백인이 자유롭게 조화를 이루며 사는 사회를 꿈꾸는 것도 포기하지 않았다. 언젠가 풀려날 것이라는 희망도 멈추지 않았다.

만델라가 교도소 생활에 대해 쓴 회고록을 보면 그는 "언젠가

원하는 것이 있다면 끝까지 버텨라

다시 한번 자유인이 되어 발밑의 풀을 느끼고 햇살 아래를 걸을 것이다"라고 믿음을 잃지 않았다. 그에게 희망은 이런 의미였다. "머리는 태양을 향하고 발은 앞을 향해 나아가는 것이다. 인간성에 대한 믿음이 뼈저리게 시험받는 어두운 순간이 많았지만 절망에 내 자신을 내맡길 수도 없고, 내맡기지도 않을 것이다."

할아버지가 손주의 이름을 지어주는 것은 만델라가 속한 부족의 관습이었다. 넬슨 만델라는 거의 20년 동안이나 보지 못한 첫째 딸이 딸을 낳았을 때 손녀의 이름을 희망이라는 뜻의 아즈위Azwie라고 지어줬다. 그는 자서전《자유를 향한 머나먼 길Long Walk to Freedom》에서 이렇게 썼다. "손녀의 이름은 내게 특별한 의미가 있었다. 교도소에 수감되어 있던 내내 희망은 나를 떠난 적이 없었다. 그리고 지금도 희망은 결코 나를 떠나지 않을 것이다. 나는 이 아이가 아파르트헤이트는 먼 추억이 될 남아프리카공화국의 새로운 세대가 될 것이라고 확신했다."

10,000일 후 71세의 넬슨 만델라는 마침내 석방되었고 몇몇 백인들이 두려워했던 백인에 대한 흑인들의 대량 학살 사태 없이 남아프리카공화국을 진정한 민주주의로 인도했다. 만델라는 "이렇게 위대한 변화가 일어나리라는 희망을 버린 적이 없다. 나는 늘 인간의 마음 깊은 곳에는 자비와 관대함이 있다는 사실을 알고 있었다. … 인간의 선함은 가려질 수는 있어도 절대로

꺼지지 않는 불꽃이다"라고 말했다.

넬슨 만델라의 삶은 인내심의 힘을 보여주는 가장 위대한 사례 중 하나이다. 차분한 끈기로 그는 자기 자신뿐만 아니라 남아프리카공화국에 사는 4천 3백만 명의 흑인과 백인들에게 기적을 가져왔다. 대통령 취임 연설에서 그는 "이 나라의 평범하고 미천한 사람들"을 칭송하며 이렇게 말했다. "여러분은 이 땅을 우리 것으로 되찾기 위해 침착하고 인내심 있는 투지를 보여주었습니다." 이것은 어쩌면 만델라 자신에 대한 이야기일지도 모른다.

극심한 억압 아래에서 넬슨 만델라는 인간 정신의 심오한 어떤 것을 활용할 수 있었다. 바로 희망하는 능력이었다. 이것은 달성이 불가능할지도 모르는 목표를 향해 우리가 끈질기게 노력하게 한다.

"만일 우리가 보지 못하는 것을 희망한다면 인내심을 가지고 기다릴지니라." 로마서 8장 25절이다. 희망이 있으면 시험 공부를 하고, 책을 쓰고, 퀼트 작품을 만들고, 정원을 가꾸는 것처럼 인생에서 원하는 것을 위해 노력할 수 있는 인내심이 발휘된다. 좋은 결과가 나올 거라는 가능성을 믿기 때문이다. 반대로 희망이 없다면 우리는 아무런 시도도 하지 않고, 아무런 일도 하지 않을 것이다. 필요한 노동력을 쏟아 결과를 기다릴 감정적이고 정신적인 수단이 없기 때문이다.

희망과 인내심의 연관성을 확인한 과학적 연구 결과들도 있다. 지적 능력이 비슷한 대학교 1학년 학생들 중 희망 지수가 더 높은 학생들이 희망 지수가 낮은 비교군보다 대학 생활을 더 잘 해냈다. 그 이유는 끈기와 관련이 있다. 희망이 계속 노력할 의지를 줬던 것이다. 또 다른 연구에서는 희망 지수가 높은 학생들과 낮은 학생들에게 다음과 같은 가상의 상황을 제시했다. 당신이 이 과목에서 목표로 하는 학점은 B이다. 그런데 최종 성적에 30퍼센트 반영되는 첫 번째 시험에서 D를 받았다. 이제 당신은 어떻게 할 것인가? 희망 지수가 높은 학생들은 점수를 올리기 위해 온갖 아이디어를 짜냈지만 희망 지수가 낮은 학생들은 포기해버렸다.

라이프 코치이자 작가인 이얀라 벤젠트Iyanla Vanzant는 우리에게 "지체delay는 거부denial가 아님"을 상기시킨다. 마음속에 어떤 바람이 있는가? 그것은 희망할 만한 가치가 있는가? 인내심이 있으면 기다림이라는 어둠 속에서 희망을 키울 수 있고 그러면 언젠가 마음속 바람이 튀어나와 완전히 실현될 것이다.

더 잘 참을수록 스트레스도 줄어든다

당신의 전기biography가 곧 당신의 생리biology이디.

_캐롤라인 미스Caroline Myss

한 친구가 찾아왔다. 그는 대기업 CEO의 고문이었는데 일에서 받는 스트레스가 너무 커서 막 일을 그만두기로 결심한 참이었다. 친구는 이렇게 말했다. "아주 죽겠어. 혈압은 지붕을 뚫을 지경이고 완전히 번아웃 됐다니까. 그동안 내 몸을 무시하고 살았는데 의사가 심장마비가 올 수 있다고 경고를 하더라. 그때서야 주의를 기울였어. 내 일이라는 게 옳다고 생각하는 것을 밀어붙이면서 CEO와 싸우는 것이거든. 그러면 CEO는 어쨌든 내 권고를 무시해버리는 거지. 이제 참을 수가 없어."

인내심의 생리학적 효과에 대해 다룬 연구는 찾을 수 없었다. 하지만 인내심 부족의 효과, 특히 스트레스와 분노가 미치는 영

원하는 것이 있다면 끝까지 버텨라

향에 대해서는 많은 연구 결과가 있다. 연구에 따르면 화가 많은 사람들은 그렇지 않은 이들에 비해 암에 걸릴 확률이 1.5배 더 높고 심장 질환에 걸릴 위험은 4배에서 5배 더 높다. 분노와 스트레스는 감정을 억누르든 표현하든 상관없이 생물학적으로 심박수 증가, 혈압 상승, 위산 과다 분비를 가져온다.

감정을 분출하면 뇌는 훨씬 더 흥분해서 스트레스 호르몬인 아드레날린과 코르티솔의 혈중 농도를 높여 싸울 준비를 한다. 과학자들은 이런 작용이 면역 체계, 특히 신체의 주요 면역 세포인 T세포를 약화시킨다는 것을 발견했다. 근육과 혈관은 수축하고 심장은 혈액을 순환시키기 위해 더 열심히 일한다. 그래서 심장이 두근대는 느낌이 드는 것이다.

반대로 침착할 때는 투쟁 도피 체계fight-or-flight system가 꺼진다. 근육이 이완되고 혈관이 확장되며 혈압이 떨어지고 심박수가 느려진다. 면역 체계가 다시 제 기능을 하며 필요한 만큼의 T세포를 생산해내 질병을 물리치고 더 오래 더 건강한 삶을 살 수 있다.

인내는 바쁜 생활에서 비롯된 외적 스트레스든 분노에서 비롯된 내적 스트레스든 스트레스 상황에서 냉정을 유지시킨다. 인내는 신경계의 액셀러레이터에서 발을 떼고 쉬게 한다. 로버트 새폴스키Robert Sapolsky 교수가 자신의 저서 《스트레스Why Zebras

Don't Get Ulcers》에서 지적했던 것처럼 투쟁 도피 반응은 우리를 위험으로부터 도망치게 하는 등 생존에 중요한 역할을 담당한다. 그러나 이것은 만성적인 작동이 목적이 아니라 단기적인 폭발을 목적으로 설계된 것이다.

요즘의 생활방식을 생각해보면 우리는 교통 체증, 촉박한 업무 마감, 사랑하는 사람들과의 다툼 등 거의 항상 투쟁 도피 상황을 경험하고 있다. 이것은 몸에 엄청난 부담을 준다. 인내심을 기르는 것이 건강을 위해 우리가 할 수 있는 최선의 방법 중 하나인 이유이다. 인생의 힘든 상황에 더 쉽게 적응하고 다른 사람들의 이상한 특징을 더 잘 참을수록 받게 되는 스트레스도 줄어들 것이다. 그리고 이것이 일주일에 하루 덜 운동해도 된다는 뜻이라면 선물이 아니고 또 뭐겠는가!

시간, 에너지, 돈 낭비를 줄여준다

시간과 인내로 뽕잎은 실크 가운이 된다.

_중국 속담

몇 년 전에 함께 살던 남자와 함께 비탈진 오르막에 집을 지었다. 사실 집을 지은 것은 남자고 나는 가족을 부양하기 위해 일을 했다. 그가 직접 하지 않은 유일한 일은 기초 공사뿐이었다. 그런데 기초 공사를 해주기로 했던 도급업자가 실력이 떨어졌다. 그는 비가 오기 전 서둘러 공사를 하느라 토대를 네모반듯하게 만들거나 부지 위에 위치를 제대로 맞춰놓지 않았다. 우리도 비가 오기 전 서둘러 일을 시작하려고 이 부분을 제대로 확인하지 않았다.

지금 이 집을 방문한다면 토대가 기울어져 있어 벽의 3분의 1 가량이 큰 계단으로 되어 있는 12미터짜리 벽을 볼 수 있다. 이 실수는 미관상으로도 안 좋았지만, 이웃들의 동의를 얻은 위치에 집을 세운 것이 아니었기 때문에 이웃들과 마찰을 빚게 했다. 결국 우리는 수년 동안 다투며 시간과 돈, 에너지를 써야했다.

이것은 인내심의 부족으로 야기된 매우 큰 실수였다. 그러나 나는 늘 온갖 종류의 작은 실수들을 경험한다. 뭔가를 급하게 하다가 절차를 무시하고 실수를 저지른 다음 모든 것을 처음부터 다시 시작한다.

어젯밤에도 그랬다. 평소처럼 서둘러서 저녁 식사에 쓸 복삽한 망고 드레싱을 만들고 있었다. 마지막 재료는 소금이었다. 그런데 제대로 주의를 기울이지 않아 소금을 너무 많이 넣어버렸다. 결국 드레싱을 다 버리고 처음부터 다시 만들어야했다. 시간을 버렸다는 사실에 짜증이 났을 뿐만 아니라 애초에 서두른 스스로에게 화가 났다.

망고 드레싱을 망친 것은 10분과 1달러를 버리는 어리석은 실수였다. 우리가 인내심 부족으로 버리는 시간과 돈이 얼마나 많을까? 나사NASA에서 있었던 일이 떠오른다. 연구원들은 서둘러 프로젝트를 진행하면서 일부 계산은 센티미터로 하고 또 다른 계산은 인치로 했다. 덕분에 수백만 달러짜리 인공위성이 완전히 목표 지점을 벗어나 버렸다. 맙소사!

오늘날 우리는 속도를 지나치게 중시한 나머지 그렇게 엄청

원하는 것이 있다면 끝까지 버텨라

난 실수를 대수롭지 않게 여긴다. 사실 확인도 하기 전에 성급하게 결론에 도달해버리는 미디어를 생각해봐라. 언론은 1948년 미국 대통령 선거에서 "듀이가 당선됐다!"고 발표하는 유명한 실수를 저질렀다(실제 대통령에 당선된 건 해리 트루먼으로, 유명한 오보다-옮긴이). 그러나 조지 W. 부시와 앨 고어가 격돌한 2000년 대선에서도 또다시 개표 결과가 뒤집힌 것을 기억하는가? TV 방송사들은 대통령 당선자를 먼저 발표하지 않고는 도저히 견딜 수 없었던 것이다. 요즘 소프트웨어 회사들은 당연히 버그 투성이라는 것을 알고도 프로그램을 내놓고 먼저 문제를 해결하려고 시간을 쓰기보다는 고객의 불평에 대응하는 편을 택한다. 왜 그럴까? 기업이 출시 예정일을 지키지 못할 것 같다고 발표하면 기다릴 줄 모르는 투자자들이 주가를 폭락시키기 때문이다.

인내심 부족은 신체적으로도 나쁜 영향을 미친다. 나에게 이런 글을 보내온 여성도 있었다. "다치고 나서 되돌아보면 언제나 서두를 때 그랬더라고요. 버스를 타려고 뛰어가다가 발목을 삐었고, 회사에 10분 더 일찍 가려고 급하게 운동을 하다가 허리를 삐끗했어요. 두 번 모두 몇 분 아끼려고 서두르다가 훨씬 더 많은 시간을 쓰게 됐어요."

속도를 중시하는 트렌드에 저항하려는 인식이 있어야 한다. 하지만 여기에는 이점이 있다. '급히 먹는 밥이 체한다Haste makes waste'는 속담을 아는가? 이 말은 예나 지금이나 옳은 말이다. 나에게 이메일을 보냈던 사람의 이야기처럼 서두르다가는 조금만 침착했더라면 저지르지 않았을 실수를 하게 돼 결국 더 많은 시간을 쓰게 되기 때문이다.

우리 삶의 방식이 빨리빨리라는 점을 생각해보면 이 오래된 속담은 내가 최근 어느 현명한 여성에게 들은 말, '천천히 서둘러라Make haste-slowly'로 바꾸는 편이 맞을 것이다.

원하는 것이 있다면 끝까지 버텨라

어떻게 원하는 것을 얻는가

식초보다는 꿀로 파리를 더 많이 잡을 수 있다.

_익명

미국 세관을 통과해서 집에 돌아가는 비행기를 타려고 캐나다 토론토 공항에서 줄을 서 있었다. 비행기는 한 시간 후에 이륙할 예정이었는데 줄이 빠지는 속도가 느렸다. 정말 느렸다. 집을 떠난 지 5일째였고 집에는 감기에 걸린 딸이 나를 애타게 기다리고 있었다. 예전의 나라면 화를 내고 안달복달하면서 나 자신과 주변의 모든 사람들을 기분 나쁘게 만들었을 것이다.

하지만 이번에는 실험을 해보기로 했다. 어떻게든 해결되겠지라는 식으로 행동한다면 어떤 일이 벌어질까? 그래서 조금씩 조금씩 앞으로 나아가며 기다려봤다. 30분 뒤에는 내 앞에 있던 남자와 대화를 시작했다. "적어도 우리는 거의 다 왔네요." 앞에 있는 문을 바라보며 내가 말했다. 그랬더니 남자는 "아니에요. 이건 그냥 줄을 서기 위한 줄이에요."라고 대답했다.

그때쯤 한 세관 직원이 오더니 하루 종일 컴퓨터가 꺼졌다 켜졌다 해서 이렇게 오래 걸리는 것이라고 이유를 설명해줬다. 나는 결과가 좋을 수도 있다고 생각하면서 스스로에게 진정하자고 말했다. 비행기 이륙 15분 전, 세관 직원들이 "덴버로 가시는 분들은 이쪽으로 오세요"라고 외쳤다. 나는 더 짧은 줄로 이동했다.

드디어 차례가 왔다. 컴퓨터 앞에 있는 젊은 여자에게 걸어갔다. 여자는 피곤해 보였다. 아주 피곤해 보였다. 나는 연민이 솟구쳐서 "힘든 날이죠?"라고 물었다. "맞아요." 직원은 여권에 도장을 찍고 앞으로 가라고 손짓하며 말했다.

바로 그때 그녀의 컴퓨터 모니터가 까매졌다. 컴퓨터가 나가버려서 세관 직원은 컴퓨터가 다시 켜져서 여권을 확인할 수 있을 때까지 나를 잡아뒀어야 했다. 그러나 내가 그녀에게 친절했기 때문에 직원은 나를 통과시켜줬다. 나는 딱 맞게 비행기를 탈 수 있었다.

이 일은 결코 잊지 못할 것이다. 이때의 경험을 통해 인내심을 발휘하면 원하는 것을 얻을 수 있는 기회가 커진다는 사실을 알았다. 인내심을 발휘할 때 우리는 다른 사람들에게 친절하게

원하는 것이 있다면 끝까지 버텨라

되고, 이런 우리의 태도가 상대도 친절하게 반응할 가능성을 높이기 때문이다.

최근 한 친구가 수리공과 있었던 일을 말해 줬을 때도 이 사실이 떠올랐다. 수리공의 일 처리가 마음에 안 들었던 친구는 환불을 원했다. 그녀는 회사에 전화를 걸어 소리를 지르다가 결국은 전화를 끊어버렸다. 친구는 계속해서 말했다. "그러고는 나보다 잘 참는 남편에게 전화했지. 남편이 다시 전화를 걸어 매니저에게 침착하게 이야기했어. 그랬더니 놀랍게도 환불을 받았지 뭐야."

세관에서의 일 이후 나는 인내심으로 어떻게 원하는 것을 얻을 수 있는지에 대한 여러 가지 이야기를 들었다. 비행기 좌석 주머니에 컴퓨터를 놓고 내린 후 이것을 찾아줄 수 있는 사람을 찾기 위해 10명의 항공사 직원들에게 친절히 이야기하고 그 결과 컴퓨터를 다시 찾은 남자의 이야기, 줄서서 기다리던 손님들의 태도가 너무 점잖아서 커플을 줄 앞쪽으로 옮겨준 붐비는 식당의 주인 이야기, 은행 측 잘못을 해결하는데 친절했던 덕분에 출납계좌 수수료를 면제받은 커플의 이야기도 있다.

나는 "우는 아이 젖 준다"는 속담을 따라야 한다고 믿었고 우는 아이처럼 굴었다. 이제는 이렇게 울면 사람들이 종종 거리를 두거나 스위프트킥을 날린다는 사실을 깨달았다. 요즘 나는 식초보다 꿀을 더 많이 뿌리기 위해 인내심을 발휘하고 있고 그 결과는 훨씬 달콤하다.

인내심을 기를수록 분노는 준다

인내심은 분노로 기어를 바꿀 것 같을 때
모터를 공회전 시킬 수 있는 능력이다.

_마이클 르판Michael LeFan

마트에서 당신도 봤음직한 순간이다. 힘든 하루 일을 마치고 녹초가 된 채 저녁거리를 사야하는 한 엄마가 세 살짜리 아이를 끌고 복도를 질주하고 있다. 배고프고 피곤한 아이가 난리를 친다. 아이는 너무 달아서 엄마가 이미 안 된다고 한 어떤 시리얼을 사고 싶다. "나는 단 걸 사고 싶어. 단 걸 사고 싶다고." 아이는 소리를 지르면서 땅바닥에 드러눕는다. 엄마는 재빨리 아이의 팔을 잡아당겨 가게 밖으로 끌고 나간다. 엄마, 아들, 그 모습을 지켜보던 사람들 모두 기분이 나빠졌다.

  인내심에 대해 자세히 공부하기 시작했을 때에야 비로소 나는 분노와 인내심이 어떤 관계인지 알게 됐다. 사실 분노는 인내심을 잃은 직접적인 결과이다. 정확히는 어떤 것이나 누군가에 대해 관용의 마음을 갖지 못하기 때문에 부아가 치민다. "내가 미치는 줄 알면서 왜 꼭 손가락 마디를 꺾는 거야?", "왜 모든 일에 그렇게 히죽거리는 목소리로 '최고'라고 말하는 거야?", "이 나라의 건강 보험 제도는 왜 이렇게 엉망이라 한 달에 800달러 이하로는 보험을 들지도 못하는 거야?" 우리는 참고 싶지 않기 때문에 화가 난다.

이것은 내게 큰 깨달음이었다. 나는 내가 종종 인내심이 부족하고 가끔 화를 낸다는 것을 알고 있었다. 하지만 나는 이 둘이 연관돼 있다는 사실을 전혀 몰랐다. 분노와 인내심은 서로 독립적으로 작동하는 별개의 시스템처럼 보였다. 하지만 사실 인내심 부족은 짜증으로 시작해서 분노로 이어지고 격노로 끝나는 연속체이다.

이것은 그 반대도 역시 사실이라는 뜻이다. 인내심이 많아질수록 짜증과 분노, 격노는 줄어든다. 마트에 있던 그 딱한 엄마가 조금만 더 인내심을 가질 수 있었다면 삼진 아웃을 피할 수 있었을 것이다. '단 것'을 달라고 조르는 아들의 떼에 웃어주거나, 주의를 딴 데로 돌리거나, 아들의 짜증이 풀릴 때까지 침착하게 서 있을 수도 있었을 것이다. 이 중 어떤 선택을 했어도 더 나았을 것이다. 아들에게도 그리고 엄마에게도 말이다.

모든 분노가 나쁘다고 말하는 것은 아니다. 착취나 학대는 결코 참아서는 안 되는 일이며, 이런 경우 참지 못하는 것은 경계를 침해당했으므로 안전한 피난처를 찾아야 한다는 건강한 경고 신호이다. 불평등한 미국 의료 보험 제도를 포함해 온갖 종류의 부당함에 대항하며 사회적 변화를 촉발시키는 고결한 분노도 있다.

여기서 말하는 것은 일상생활에서 느끼는 사람, 장소, 사건에 대한 평범한 짜증과 분노이고 이것은 합리적인 관용이 결여된 데서 비롯된다. 무슨 말인지 알 것이다. 나에게 중요한 것은 전혀 신경 쓰지 않는 부모님을 대할 때 필요한 인내심, 네 번이나 안 된다고 말했는데도 아이스크림을 사달라고 조르거나 문신을 하겠다고 우기는 아이들을 대할 때의 차분함, 우리 일을 가치 있게 여기지 않는 상사와 계속 잘해보기 위한 끈기를 말하는 것이다. 전화기 너머에 있는 불쌍한 상담원에게 소리를 지르는 대신 의료보험 문제를 도와달라고 요청할 수 있는 인내심일 수도 있다. 인내심이 있으면 정당한 분노로 일어나야 할 때와 웃으며 참아야 할 때를 훨씬 더 잘 판단할 수 있다.

아일랜드 속담에 이런 말이 있다. "화가 나 있는 것은 다른 사람들은 춤추러 나갔는데 나만 무거운 짐을 지고 있는 것과 같다." 인내심을 기를수록 짊어지는 분노는 줄고 더 많이 춤추는 기분을 느끼게 될 것이다.

타인의 감정을 공감하는 능력

네가 말하고 있는데 상대방이 듣지 않는 것처럼

보인다 해도 인내심을 가져.

그냥 그 사람의 귀에 작은 먼지가 막혀서

안 들리는 것일 수도 있거든.

_《곰돌이 푸의 작은 지침서Pooh's Little Instruction Book》에서

〈포천〉지 선정 100대 기업을 대상으로 사고 다양성 교육을 진행한 적이 있다. 모두가 똑같은 장비, 즉 뇌를 가지고 있지만 그것을 사용하는 방식이 모두 같은 것은 아니라고 설명했다. 개개인은 자기만의 독특한 방식으로 세상을 받아들이고 표현하며, 이런 차이를 이해하면 동료, 상사, 배우자, 자녀에게 불만이 생기는 많은 것을 설명하는 데 큰 도움이 된다고 말이다.

손 하나가 올라왔다. 루이지애나에서 온 친절한 신사가 말끝을 길게 빼는 말투로 이렇게 질문했다. "그러니까 선생님 말씀은 내가 아들한테 말할 때 아들이 내 눈을 똑바로 쳐다보지 않아도 반항하려는 게 아니라는 건가요? 내 메모에 답하지 않는 상사가 나쁜 놈이 아니고요? 내 생각을 구두로 전달하면 성공할 가능성이 훨씬 더 크다는 건가요?"

"맞아요. 그게 정확히 제가 말하는 것입니다." 내가 답했다.

살다 보면 직장에서, 가정에서, 마트에서, 지역 행사에서, 개인적인 저녁 파티에서 매일 사람들을 만나게 된다. 그리고 자, 봐라. 사람들은 나와 다르다. 정보를 받아들이는 방식뿐만 아니라 우선순위, 동기, 살아온 역사, 문화까지 다 다르다. 이론적으로는 모두들 아는 사실이고 관용이라는 이름으로 달라도 괜찮다고 말한다. 하지만 솔직하게 이런 다름을 진짜로 받아들이는 사람은 많지 않다. 그 결과 나를 제외한 세상이 내가 마땅하다고 믿는 것처럼 반응하게끔 엄청난 에너지를 쏟는다.

영화 〈마이 페어 레이디〉에 나온 '어째서 여자는 남자처럼 될 수 없을까Why Can't a Woman Be More Like a Man?'라는 노래를 아는가? 가사를 '어째서 모두 나처럼 될 수 없을까?'라고 약간만 바꾸면 우리들의 노래가 될 수도 있다. 사람들은 나와 다르고 바로 여기에서 인내심이 필요하다. 인내심은 나와 내가 만나는 다른 사람들 사이의 차이를 우아하게 참을 수 있게 한다.

원하는 것이 있다면 끝까지 버텨라

이렇게 관용을 갖는 것은 어려운 일이다. 다른 사람이 어떠해야 한다는 나의 가정에서 한발 물러나 실제로 그들이 어떤지 물어야 한다. 이 과정에는 훌륭한 협력자가 있다.

인내심이다. 인내심은 우리를 짜증 나게 만들 수 있었을 것을 직면했을 때 발휘되는 잔잔한 내면의 안정으로, 타인의 감정을 인식하는 능력인 공감에 이르는 문이다. 세계적 심리학자이자 과학 저널리스트인 대니얼 골먼Daniel Goleman은 자신의 저서《EQ 감성지능Emotional Intelligence》에서 "공감하려면 감정적 뇌가 타인의 미묘한 감정 신호를 수용하고 모방할 수 있도록 충분히 차분하고 수용적이어야 한다"라고 말했다. 다시 말해 인내심이 많아질수록 타인에게 공감하는 능력도 더 커진다는 것이다.

공감할 수 있다면 타인을 다른 누군가로 바꾸려 하는 대신 그 사람을 자신만의 독특한 아름다움을 가진 있는 그대로의 모습으로 볼 수 있다. 예를 들어, 팀 동료인 프레드가 너무 느리다면 짜증을 내기보다는 그의 이런 특성에 어떤 장점이 있을까 생각해볼 수 있다. 그러면 프레드가 자신의 모든 일에 매우 정성을 들인다는 사실이 보이고, 그것이 그가 느린 이유임을 알게 될 것이다.

인내심을 통해 공감할 수 있는 능력은 한 개인으로서 뿐만 아니라 평화롭게 함께 살아가려는 지구 공동체로서 우리에게 엄청난 영향을 미친다. 심리학자인 마틴 호프먼Martin Hoffman은 이것이 바로 '도덕의 기초'라고 주장한다. 어쨌든 우리가 도덕적인 원칙을 고수하는 것은 정확히 우리가 타인의 고통을 느낄 수 있고 그들의 입장을 이해할 수 있기 때문이다.

이렇게 인내심을 가지면 나와 다른 가족들, 서로 다른 우선순위를 가진 이웃들, 함께 일해야 하는 다양한 팀원들과 더 조화롭게 살 수 있다. 인내심은 인간의 다양한 본성에 더 큰 경이로움을 느끼게 해주고 그 모든 것에 마음을 열 수 있는 훨씬 더 큰 능력을 준다.

끝까지 포기하지 않는 사람

사랑은 오래 참고 온유한 것이다.

_성 바오로, 고린도인에게 보내는 첫 번째 편지

나에게는 사랑에 빠지는데 천재인 친구가 한 명 있다. 비극적 로 맨티스트, 이것이 친구가 스스로를 칭하는 말이다. 남자를 유혹 해서 깊은 사랑의 열병에 빠지는 데까지는 아무 문제가 없다. 그 런데 그런 다음에는 너무 어리다, 키가 작다, 돈을 많이 못 번다 는 등 치명적인 결점을 찾아 남자를 차버린다. 언젠가 한 번은 사귀는 남자가 욕실 바닥에 젖은 수건을 던져 놨기 때문에 그와 결혼할 수 없다고 이야기한 적도 있다!

친구가 헤어짐의 이유로 드는 결점 중에는 말도 안 되는 것들 도 있었다. 하지만 결국에는 그녀의 이런 행태가 결점까지도 참 아줄 만큼 남자친구를 사랑하지 않는다는 사실을 보여주는 단적인 증거임을 알게 됐다. 이유야 무엇이든 지난 남자친구들은 친구의 인내심을 불러일으키지 못했다.

기본적으로 인내심 없이는 사랑할 수 없다. 아, 물론 내 친구가 계속해서 그랬던 것처럼 엔돌핀이 넘쳐나고 둘 사이에 모든 것이 가능할 것 같은 연애 초반에는 핑크빛 감정을 느낄 수도 있다. 하지만 이 핑크빛이 희미해지고 개성을 가진 내가 다른 개성을 가진 인간과 마주 보고 함께 삶을 살아가려고 하면 그때 바로 진짜 실력이 나타난다. 현명한 인내심 말이다.

오랫동안 남편과 나는 서로의 결점을 참으며 아주 많은 시간을 보냈다. 이를테면 이런 것들이다. 남편은 공공장소에서 트림을 하고, 나는 주기적으로 돈에 예민한 반응을 보인다. 남편은 전혀 어울리지 않는 옷을 입고 10년째 같은 신발을 신는다. 나는 집에 들어오자마자 키스로 인사하는 대신 친구와 전화 통화를 한다.

사람은 변할 수 있고 실제로 변하기도 하지만 상대가 내가 원하는 만큼 변하는 일은 드물다. 사랑에 있어 행복의 비밀은 자칫 짜증 날 수도 있는 작은 결점들을 유쾌하다고 이해하는 것일지도 모른다. 많은 사람들이 이런 영웅적 위업을 잘 달성하지 못한다. 상대의 작은 결점을 받아들이는 것은 남편이 이미 2천 번쯤 했던 구닥다리 농담을 할 때, 아내가 또 한바탕 쇼핑을 하고 집에 돌아왔을 때 인내심으로 가득 찬 손수레를 끌고 나오는 데 도움이 된다.

사랑에 있어 인내심의 매력적인 점은 우리가 서로를 있는 그대로 받아들일 때 실제로 변화될 가능성이 높아진다는 것이다. 파트너의 인내심은 상대의 단점까지도 모두 수용하는 안전한 안식처를 만들어내고, 이렇게 따뜻하게 받아들여질 때 우리는 성장의 위험을 감수할 수 있을 만큼 안전함을 느끼기 때문이다. 변화할 수 있는 안식처를 제공한다면 파트너 역시 우리가 원하는 방식으로 변화할 수 있다.

한편 인내심은 관계를 오래 지속할 수 있는 가능성을 높인다. 고등학교 때 학업 성취도가 낮았던 성인들(끈기가 적다는 것을 보여줌)을 대상으로 연구한 결과, 이들은 고등학교 졸업 후 13년 이내에 이혼할 확률이 동급생들보다 50퍼센트 높은 것으로 나타났다. 다시 말하자면 어떤 한 분야에서 인내심을 발휘하지 못한 사람들은 뭔가를 끝까지 해내는 법을 배운 사람들보다 더 빨리 사랑을 포기하는 경향이 있다.

인내심은 사랑이 넘치고 성장할 수 있게 서로 사이의 표면을 부드럽게 만들어 사랑을 견고하게 만드는 사랑의 회반죽이다.

인내심은 우리를
더 좋은 부모로 만든다

신은 단순히 삶의 과정을 계속하는 것 외에

다른 목적을 위해 아이들을 우리에게 보내주신다.

바로 우리의 마음을 넓히시기 위함이다.

이기적이지 않으며 친절한 동정심과

애정으로 가득 찬 사람으로 만드시기 위함이다.

더 높은 목표를 주시고 더 큰 활력과 노력으로

우리의 모든 능력을 끌어내시기 위함이다.

_메리 하윗Mary Howitt

바쁜 저널리스트이자 세 살짜리 아이의 아빠이기도 한 그는 딸을 제시간에 유치원에 보내려고 애썼다. "딸이 양말은 안 신고 계속 웃어서 조급해졌어요. 결국 화가 나서 '이제 그만. 아빠 화났다. 더 이상 웃지 마'라고 소리 질렀죠. 그랬더니 딸이 '이제 그만'이라면서 내가 했던 것처럼 손가락을 흔들면서 찌푸린 얼굴을 그대로 흉내 내더라고요. '나 정말 화났어. 더 이상 웃지 마' 이러면서요."

"그 순간 제가 즐거움보다는 지나치게 속도만 중시했다는 것을 깨달았죠. 딸의 천연덕스러운 행동이 너무 웃겨서 웃기 시작했어요. 그러자 딸이 진지한 표정으로 '이제 누가 웃고 있죠' 이러더라고요."

아이들만큼 귀여운 존재가 있을까? 아이들은 사랑스러운 말을 하면서 키스와 포옹을 퍼붓고 진심으로 부모를 기쁘게 하고 싶어 한다. 아이들은 곁에 있는 것만으로도 기쁨이다.

그런데 한편으로 아이들만큼 짜증 나는 존재가 또 있을까? 아이들은 새로 산 흰 카펫에 포도 주스를 쏟고, 같은 질문을 계속해서 다시 묻고, 양치질 같은 일상의 일들을 계속되는 권력 투쟁으로 바꾼다. 곁에 있는 것만으로도 고통이다.

부모라면 알겠지만 아이를 기르는 데는 온갖 능력이 필요하다. 선생님이자 훈육자, 코치, 친구가 되어야 하며 언제 어떤 얼굴을 내밀어야 할지 알아야 한다. 수천 가지의 일들을 저글링하면서 어떻게 반응해야 할지 순식간에 결정해야 할 때도 많다.

우리는 심리학적 의식이 높은 시대에 살고 있기 때문에 우리가 아이들에게 가할 수 있는 잠재적 피해에 대해서 더 많이 알아야 한다. 정서 발달에 대한 100년 동안의 연구 결과에 따르면 부모는 향후 아이가 일과 사랑에서 성공할 수 있느냐를 결정하는데 다소간 영향을 미친다고 한다.

양육이라는 복잡한 과정에서 우리의 가장 큰 동맹군 중 하나는 인내심이다. 인내심은 우리가 한 시간째 우는 아이를 계속 달랠 수 있게 하고, 그림책 《호튼Horton Hears a Who》을 400번째 읽을 수 있게 하며, 10대 자녀가 보라색 머리를 한 친구네 집에서 하룻밤 자고 와도 침착하게 반응할 수 있게 한다.

나는 부모로서 내 인내심을 시험 당하지 않은 날이 하루도 없었다. 심지어 아이가 매우 순했는데도 말이다. 시험은 일상적인 일이다. 어린 시절의 특성상 부모와 자녀는 투쟁 속에서 함께 산다. 아이는 끊임없이 얼마나 멀리 갈 수 있는지를 시험하고, 부모는 안전한 경계를 만들고 아이가 성장함에 따라 경계를 현명하게 확장하려고 한다.

이것이 인내심이 필요한 이유이다. 인내심은 생각을 환기시키는 정지 효과가 있다. 인내심은 독립심과 안전 사이의 다툼을 멈추고 최선의 대응이 무엇인지 판단할 수 있게 한다. 또한 행동하기 전에 생각할 수 있게 해준다. 이것은 부모와 아이와의 관계에서 아주 중요한 요소이다.

아이들은 우리에게 더 많은 인내심을 부탁하고 있다. '가정과 직장 문제 연구소' 소장인 엘렌 갤린스키Ellen Galinsky가 발표한 일과 삶의 균형에 대한 연구에서 대부분의 아이들은 부모에 대해 바꾸고 싶은 점으로 '직장에서 퇴근하고 집에 돌아왔을 때 스트레스를 덜 가져오는 것'을 들었다.

아무리 노력해도 완벽한 부모는 될 수 없을 것이다. 그러나 괜찮다. 그저 충분히 좋은 부모만 돼도 된다. 인내심이 있으면 충분히 좋은 부모가 될 수 있다. 날카롭고 무분별한 반응보다 친절하고 사랑스럽고 현명한 반응을 보이는 좋은 부모 말이다.

기다릴 줄 아는 힘

인내심은 억압에 기원을 둔 '여성적' 특성 중 하나이지만,

여성 해방 후에도 지켜져야 할 미덕이다.

_시몬 드 보부아르Simone de Beauvoir

메리 베스Mary Beth는 마흔세 번째 생일에 직장을 잃었다. 직장을 잃기 2년 전부터 그녀는 아주 힘든 시간을 보냈다. 결혼 생활이 끝났고, 1년 전에는 직접 창간한 잡지가 폐간됐다. 메리는 재정적으로 안정된 상태로 돌아가려고 미친 듯이 노력하고 있었기 때문에 실직 소식은 큰 충격이었다.

"직장을 잃었는데 가톨릭 학교에 다니는 아이가 셋이나 있었고 주택담보대출까지 있었어요. 이력서를 보내고 동료들에게 전화를 걸고 광고지를 뒤지면서 정신없이 한 달을 보냈어요. 그런데 아무 성과가 없었어요. 열심히 찾으면 찾을수록 좌절감만 커

원하는 것이 있다면 끝까지 버텨라

졌죠."

"그러다가 어느 9월 아침 모든 걸 멈췄어요. 아침에 일어나 커피를 들고 정원에 나가서 이렇게 기도했죠. '하느님, 저는 할 수 있는 모든 노력을 기울였습니다. 그것이 제게 어떤 의미이든 이제 당신의 손에 달렸습니다.' 내가 할 수 있는 일은 무슨 일이 일어나든 그저 받아들이는 것뿐이라고 생각했어요. 이야기를 써서 글을 써달라고 요청하지도 않은 편집자들에게 보냈어요. 아무 일도 일어나지 않았죠. 몇 달 동안 아이들을 학교에 보내고 나면 정원으로 나가 한 시간 동안 기도하고 기다렸습니다. 호박을 수확하고 12월에 분홍색 제라늄이 마지막 꽃 한 송이를 피울 때까지, 온 정원이 황량해질 때까지 오래도록 기다렸죠. 계속 기다리고 기도했어요. 글도 계속 썼죠."

"드디어 1월이 됐을 때 꿈꾸던 일자리가 나에게 찾아왔어요. 봄이 되자 가을에 썼던 이야기들이 전부 출판되기 시작했고 다시 돈이 들어오기 시작했죠."

처음 인내심에 대해 공부하기 시작했을 때 나는 그것이 얼마나 약해 보이는지 깜짝 놀랐다. 친절, 감사, 관대함은 작위이지만 인내는 부작위에 가깝다. 풀어지고 싶을 때 다잡고, 참기 싫은데 참고, 어떤 일이 일어나도록 강제하기보다는 기다리는 것이다.

그런데 더 깊이 생각하면 할수록 나의 사고방식은 다른 무엇보다도 행동을 중시하는 문화 전반을 굉장히 많이 반영하고 있다는 것을 알게 됐다. 미국인들은 행동을 중시한다. 산을 정복하고, 시장을 장악하고, 가능한 빨리 돈을 벌고, 경력 사다리의 꼭대기에 오르려 한다. 이런 것들은 모두 행동 지향적이고 역동적인 활동이며 소위 남성적인 에너지에 해당한다.

우리 문화는 보다 수용적이고 '여성적인' 활동을 중요하게 여기지 않는 경향이 있다. 천국을 기다리는 것, 직관을 믿는 것, 적절한 순간을 귀 기울여 듣는 것, 진실이 우리를 관통해 움직이게 하는 것 말이다. 시몬 드 보부아르가 말했던 것처럼 인내는 수용적인 반응이다.

역동적인 에너지가 잘못됐다는 것은 전혀 아니다. 무엇이든 세상에 나오려면 역동적인 에너지가 필요하다. 다만 역동적인 에너지만을 중시했기 때문에 개인과 사회는 불균형 상태에 빠졌다. 성찰하고, 행동이 적절한지 판단하고, 올바른 때를 기다리기 위해 멈추는 수용의 가치는 거의 인정하지 않는다. 수용할 때 우리는 아무것도 안 '하고' 있다고 생각한다.

하지만 인내라는 수용적 활동은 진짜 일이다! 이것은 행동만을 위해 행동을 하지 않을 노력을 기울여야 한다. 그리고 분노, 억울함, 우울함을 느끼지 않고 필요한 만큼 무명으로 사는 노력도 필요하다. 겉보기에는 아무것도 아닌 일처럼 보일 수도 있다. 하지만 그 아래, 마음속에서는 무거운 짐을 들어 올리고 있는 것이다. 도가에서는 이것을 무위無爲, 즉 움직임 없는 움직임이라고 부르는데 이 말은 '아무것도 하지 않고 조용히 앉아 있기'라고 옮길 수 있다. 고대 중국에서는 무위를 궁극의 깨달음에 이른 인간이 갖는 가장 높은 가치라고 여겼다.

메리 베스의 이야기는 강력하다. 때로는 그녀의 이야기처럼 아무리 동적 에너지를 쏟아부어도 원하는 것을 얻을 수 없을 때가 있기 때문이다. 그럴 때 우리가 할 수 있는 일은 멈춰 서서 미래가 펼쳐지기를 끈기 있게 기다리는 것뿐이다. 신이나 우주로부터 도움을 받을 수 있게 마음을 열고 기대하며 기다릴 수 있는 능력이 수용하기의 전부이다.

모든 것이 의지력으로 다 되는 것은 아니다. 가끔은 기다릴 줄 아는 힘이 필요하다.

시민성의 핵심이다

인내는 더 멀리 간다.

_라마 수리야 다스 Lama Surya Das

몇 년 전 친구 중 하나가 인구 2만 5천 명 도시의 시장이 됐다. 이 친구가 정기 시의회 회의가 끝날 무렵 열리는 취임 선서 파티에 나를 초대했다. 나는 조금 일찍 가서 회의를 할 동안 앉아 있었는데 이내 크게 감탄하고 말았다. 특수 이익 단체들은 서로 자기네 입장을 옹호하면서 사방에서 압력을 가하는데 한정된 예산으로 긴급한 필요를 만족시키기 위해 시 공무원들은 얼마나 인내심을 갖고 같은 문제를 반복해서 검토하던지! 나는 딱 한 번 회의를 참관했지만 상정된 이슈를 자꾸 재논의하면서도 모든 사람들이 서로 존중하며 주제와 관계가 있든 없든 의견을 내는 모든 시민의 말을 경청함을 알 수 있었다.

원하는 것이 있다면 끝까지 버텨라

저녁이 끝날 무렵에는 끈기 있게 행정을 처리하는 모든 공직자들과 옳다고 믿는 것을 위해 지칠 줄 모르고 노력하는 시민운동가들에게 마음 깊이 경외심이 들어 고개가 숙여졌다. 그리고 우리 사회를 유지하기 위해 인내심을 가지고 일하는 많은 사람들에 대해 생각하기 시작했다. 비영리단체에서 푼돈을 받으며 일하는 모든 사람들, 경찰관, 소방관, 전 세계의 평화 운동가. 말하자면 끝이 없다.

그러나 몇 년 전 신문 지면을 가득 채웠던 사람들은 이들과 대조적이다. 승합차 한 대가 인도로 돌진해 보행자 3명이 다치자 남자 7명이 운전자와 동승자를 차에서 끌어내 사망할 때까지 폭행한 사건이 있었다. 이 사건은 시카고의 중산층 지역에서 발생했다. 살인 혐의로 기소된 남자들은 16세에서 47세 사이였다.

이 끔찍한 사건을 인내심이라는 관점에서 생각해보면 이런 일이 일어났다는 사실보다도 이런 일이 더 자주 일어나지 않는다는 사실이 더 놀랍다. 폭행에 가담한 남자들은 정의가 실현되기를 기다릴 수 없었고(운전자는 62세의 노인이었고 술에 취해 있었다) 대신 직접 '처벌'을 가해 독자적으로 일을 처리했다. 대부분의 사람들은 심지어 피해자들마저도 사회가 법을 집행하는 과정과 절차를 기다려야 한다고 배웠기 때문에 이 사건은 흔치 않은 일이었고 뉴스감이었다.

어쨌든 사회가 기능하는 것은 대부분의 사람들이 인내심을 발휘할 수 있기 때문이다. 우리는 참을성이 있기 때문에 빨간불에 뛰어가지 않고 녹색불이 켜지기를 기다린다. 야구 경기나 콘서트 같은 대규모 행사장에서도 안에 들어가기 위해 사람들을 마구잡이로 밟는 것이 아니라 차분히 순서를 기다린다. 정부를 타도하자고 모의하는 대신 정부가 힘닿는 데까지 문제를 해결하기를 기다린다.

우리가 인내심을 발휘하는 한 오늘날 지구상에 살고 있는 수십억 사람들은 어느 정도 질서 있고 합법적인 방식으로 생업을 꾸려나가며 사회는 유지될 것이다. 90년대 후반 기업들이 탐욕의 축제를 벌였을 때처럼 쉽게 돈을 벌기 위해서든, 꽉 막힌 고속도로 위에 묶여 있어서든 무법은 인내심을 잃게 됐을 때 발생한다.

인내심은 결코 하찮은 자질이 아니며 사회를 유지하는 개인의 특성이다. 인내심은 사교와 시민성, 합법과 시민 질서의 핵심이다. 인내심 없이는 함께 살아갈 수 없고 사회는 기능할 수 없다. 인내심이 있기에 사람과 사람 사이, 국가와 국가 사이에 평화를 이룰 수 있는 것이다.

원하는 것이 있다면 끝까지 버텨라

영혼을 성장시킨다

세상에 기쁨만 있다면 용기와 인내는 결코 배울 수 없다.

_헬렌 켈러Helen Keller

레이첼 나오미 레멘Rachel Naomi Remen이 쓴《그대 만난 뒤 삶에 눈 떴네Kitchen Table Wisdom》라는 책에는 소아 당뇨병을 진단받은 어느 무례한 10대 소년의 이야기가 나온다. 아이는 삐딱했다. 제대로 먹지도 않고 약도 먹지 않았다. 그러던 어느 날 소년이 웃으면서 레멘의 사무실에 들어왔다. 꿈을 꿨다면서 말이다. 그는 이렇게 말했다.

"꿈속에서 어린 부처님의 조각상을 보았어요. 보고만 있어도 마음이 평화로워졌어요. 그런데 갑자기 내 뒤에서 단검 하나가 나타나 부처님의 심장을 향해 날아갔어요. 충격적이었어요. 망연자실했죠. 화가 나고 분해서 보고 있는데 부처님이 커지기 시작했어요. 계속 커지고 또 커져서 거인만 해졌어요. 칼은 여전히 부처님의 심장에 꽂혀 있었지만 부처님에 비하면 이제는 이쑤시개만 해 보였어요."

내게는 유방암이 자신에게 일어난 최고의 일이었다고 말하는 친구가 두 명 있다. 남편과 이혼한 것이 전화위복이었다고 말하는 이도 있다. 직장에서 잘린 것이 최고의 선물이었다고 말하는 사람도 있다. 이들은 모두 마조히스트일까? 아니다. 이들은 부처의 꿈을 꿨던 소년처럼 마주한 시련이 이렵고, 고통스럽고, 가혹한 만큼 그것이 자신을 더 깨어 있고 지각 있는 인간으로 성장시키는 수단이 된다는 것을 깨달은 평범한 사람들이다. 시인이자 철학자인 칼릴 지브란Kahlil Gibran은 "인내의 땅에 고통을 심자 행복의 열매를 맺었다"고 썼다.

신체적, 감정적, 정신적으로 고난을 겪고 싶은 사람은 아무도 없다. 그러나 이런 시련이 왔을 때(모든 인생은 각자의 슬픔이 있기 때문에 시련이 없는 사람은 거의 없다) 우리는 두 가지 선택을 할 수가 있다. 일어난 일에 끊임없이 분노할 수도 있고 슬픔, 두려움, 분노를 느끼되 인내심을 가지고 시련을 통해 영혼을 성장시킬 수도 있다.

'긍정적 사고법'의 창시자인 노먼 빈센트 필Norman Vincent Peale은 이에 대해 다음과 같이 썼다. "고통이 닥치면 우리는 자주 '왜 하필 나야?' 같은 잘못된 질문을 던진다. 그러나 올바른 질문은 '여기에서 무엇을 배울 수 있을까?', '어떻게 해야 할까?', '그럼에도 불구하고 무엇을 이룰 수 있을까?' 이런 것들이다."

좌절과 고통에 직면했을 때 우리는 더 높은 단계의 자아로 나아가 아직 개발되지 않은 내면의 자원을 발견하도록 요구받는다. 내가 공동 주최하는 워크숍에서 《제대로 살아보지 않고는 죽지 않겠다I Will Not Die an Unlived Life》의 저자 도나 마르코바Dawna Markova는 사람들이 자신이 직면했던 어려움을 통해 어떤 지혜를 얻었는지 개인적으로 성찰하도록 이끈다. 그녀는 무엇이 힘든 시기를 헤쳐 나가게 했는지 떠올려 보라고 이야기한다. 수백 명이 이 과정에 참여했고 참여했던 사람들은 모두 시련의 결과로 얻게 된 내면의 자원을 하나 이상 찾아냈다.

비 온 뒤 무지개가 뜨는 것처럼 당신은 인내심을 시험하는 시련의 결과로 영혼의 아름다운 장점들을 발전시켜왔다. 어떤 것들인지 지금 잠깐 시간을 내서 생각해봐라. (나의 경우는 다른 사람의 관점을 이해할 수 있는 능력과 인간의 기본적인 선함을 믿는 것이다.) 이렇게 얻은 능력은 남은 평생 내 것이 될 것이다. 그리고 나중에 인내심을 시험하는 새로운 고난이 찾아오면 어떻게 성장할 수 있는지 자문하고 조금 더 쉽게 어려움을 견딜 수 있을 것이다.

THE POWER OF

PATIENCE

3장

태도가
성공의 반이다

우리 시대의 가장 위대한 발견은

인간은 태도를 바꿈으로써

인생을 바꿀 수 있다는 것이다.

_윌리엄 제임스 William James

우리는 모두 삶을 대하는 뿌리 깊은 태도를 가지고 있다. 그중
의식적 자각 수준 아래에서 만나는 사람과 상황에 대한 우리의
반응을 이끌어내는 것들이 있다. 이런 태도가 인내심을 높인다
면 우리는 관용, 수용, 평온을 경험한다. 그러나 그 태도가 조바
심을 부른다면 인생의 어려움을 잘 받아들이지 못할 것이다.

심리학자이자 불교 철학을 가르치는 실비아 부어스타인 Sylvia
Boorstein의 말처럼 다행히 "우리는 자유롭게 태도를 선택할 수 있
다." 생각에 맹목적으로 휘둘리지 않고 어떤 태도를 취할지 선
택할 수 있다는 것이다. 물론 이것이 나를 제한하는 믿음에 빠지
지 않는다는 의미는 아니다. 제한적인 믿음이 있다면 그 믿음은
이미 우리 머릿속에 깊이 박혀 있을 것이기 때문이다. 다만 안

좋은 선택을 했다는 사실을 깨닫게 되면 그때마다 더 나은 선택을 할 수 있음을 떠올리면서 다시 시작할 수 있다. 결국 불교 승려 이본 랜드Yvonne Rand의 말처럼 "인내심을 기르려는 마음가짐이 성공의 반이다."

인내심을 키우는 방법

자각은 현실을 보여줘 당신을 변화시킨다.

_앤소니 드 멜로Anthony de Mello

기분이 아주 나빴다. 대화를 시작하면서 나 자신에게 인내심을 잃지 말자고 다짐했지만 돈 얘기를 하면서 남편에게 소리를 질렀던 것이다. 실패자, 사기꾼이 된 것처럼 느껴졌다.

아주 익숙한 기분이었다. 인내심을 가져야 한다고 다짐했지만, 지키지 못할 때마다 끔찍한 기분이 들었다. 나는 다짐을 지키지 못한 것에 대해 자책하곤 했다. 그리고 다시는 이런 일을 반복하지 않겠다고 맹세하고 그러면 모든 게 괜찮았다. 다음번에 또 이렇게 되기 전까지는 말이다. 그러다가 갑자기, 그러니까 겉보기에 난데없이 '인내심 없는 괴물'이 깨어나 다시 난동을 부렸다. 수치심을 느끼고 또다시 맹세를 하는 악순환이 반복됐다.

원하는 것이 있다면 끝까지 버텨라

인내심이 없다고 확신하고 절망에 빠져 포기할 때까지 이 과정을 계속할 수도 있었다. 하지만 나에게는 다행히도 도움을 주는 책과 친구들의 조언이 있었다. 이들은 모두 같은 말을 했다. 나 자신에 대해 판단하지 말고 나의 행동을 자각하는 것이 진정한 변화를 만든다고 말이다. 자각은 우리를 배움으로 이끈다. 즉, 인내심을 키우는 방법은 스스로를 배우는 사람이라고 생각하고 인내심이 부족한 상황을 성장할 수 있는 기회로 여기는 것이다.

늘 성공하지는 않을 것이다. 우리는 동료에게 화를 내고, 자녀에게 딱딱거리고, 전화 상대방에게 눈을 치켜뜰 것이다. 불만에 가득 차서 앞차를 향해 경적을 울리고 바닥에 떨어진 양말 한 짝에 소란을 피울 것이다.

문제는 인내심을 잃느냐 아니냐가 아니라 인내심을 잃었을 때 우리가 스스로를 어떻게 대하느냐는 것이다. 완벽하지 못했다고 스스로를 질책하는가? 아니면 여전히 배우고 있다는 사실을 기꺼이 인정하고 그 경험에서 무엇을 배울 수 있을지 궁금해하는가?

인내심은 의지력의 문제가 아니라 어떤 요인이 우리를 왜 폭발시키는지 이해함으로써 고양된다. 우리는 의지력으로 선해지려고 '노력'하지만 필연적으로 실패를 경험하고 수치심과 죄책

감만 남긴 채 배움을 얻지는 못한다. 그래서 비슷한 상황이 다시 오면 똑같은 일을 반복한다.

그러나 스스로를 배우는 사람이라고 여기면 인내심이 폭발한 상황 속에 참기 힘든 요소가 있었음을 인정하고 그것이 무엇인지 파악하려고 한다. 나 자신에게 친절하면 다음번에는 문제를 다르게 이해할 가능성이 생긴다.

다음에 어떤 일에 대해 인내심을 잃고 있다면 '나는 나쁜 사람이야'라고 생각하지 말고, '어떤 점이 참기 힘들었는가?' 자문해 봐라. 참고로 이런 부분을 살펴보면 된다. 누군가를 참기 힘들다면 그 이유는 그 사람이 내가 하지 못하는 일을 할 수 있기 때문일 수 있다. 내가 아는 한 아버지가 그런 경우였다. 성인이 된 그의 아들은 싫을 때 싫다고 말할 수 있었지만 그는 그럴 수 없었다. 그래서 그는 아들이 자기주장을 할 때마다 인내심을 잃었다.

그 사람이 내가 외면했던 나의 어떤 모습을 가지고 있을 수도 있다. 심리학에서는 이를 투사projection라고 부른다. 내가 밀어낸 모습 혹은 내가 간절히 바라는 모습을 가진 사람에게 인내심을 갖지 못하는 것이다.

이런 관점에서 남편과 나의 관계를 바라보면 나는 돈 걱정을 많이 하고 남편 역시 그래야 한다고 생각했다. 그래서 사실은 남편이 매우 책임감 있게 행동하고 있음에도 책임감 없이 행동한다고 비난했다. 나를 화나게 만든 것은 돈에 대한 그의 태평무사한 마음이었다. 내가 정말 원하는 것은 돈에 대해 평온한 마음을 갖는 것이었다. 남편은 내가 원하는 평온한 마음을 가지고 있는데 나는 그렇지 않다는 사실에 화가 났다. 이러한 인식이 내가 돈 문제에 대해 냉정을 잃지 않게 되었다는 뜻은 아니다. 다만 내 조바심이 어디에서 비롯된 것인지 이해하게 되었기 때문에 그 정도가 덜해졌다는 것이다.

실패자라고 느끼는 것과 배울 게 있다고 느끼는 것 사이에는 엄청난 차이가 있다. 하나는 고착과 절망으로 이어지고, 다른 하나는 가능성과 성장으로 이어진다. 조바심의 버튼이 눌리면 나에 대해 배울 수 있는 기회라고 생각해라. 스스로 '왜 참기 어려운가?' 물어라. 이런 태도가 만들어내는 결과에 깜짝 놀라게 될 것이다.

인내는 선택이다

우리가 가능한 한 서로를 사랑하고 이긴다면
나는 사랑과 연민이 결국 승리할 것이라고 믿는다.

_아웅 산 수 치 Aung San Suu Kyi

아웅 산 수 치('희귀한 승리의 찬란한 집합a bright collection of strange victories'이
라는 뜻) 여사는 억압에 대한 비폭력 저항의 국제적인 상징이 되
는 인물이다. 그녀는 버마 민주주의민족동맹Burma's National League for
Democracy의 지도자로 '민주주의와 인권을 위한 비폭력적인 투쟁'
을 이끌어 1991년 노벨 평화상을 수상했다. 노벨위원회는 그녀
의 투쟁을 "최근 몇십 년 동안 아시아에서 일어난 가장 비범한
시민적 용기의 사례"라고 평가했다.

아웅 산 수 치 여사는 내게 인내의 모범이다. 그녀는 1989년
부터 2010년까지 랑군에 있는 집에서 가택 연금된 상태였다. 10

원하는 것이 있다면 끝까지 버텨라

년 이상 자녀들을 만나지 못했고 남편은 1999년 작별인사도 나누지 못하고 해외에서 사망했다. 미얀마 정부는 여사의 남편에게 비자 발급을 거부했고 만약 여사가 나라를 떠날 경우 다시는 고국 땅을 밟지 못하게 할 것이었다. 미얀마 군부가 중국의 천안문 사태 때보다 더 많은 평화 시위자들을 학살했을 때, 군부가 아웅 산 수 치 여사를 따르는 수천 명의 사람들을 고문하고, 살해하고, 투옥했을 때도 그녀는 증오나 적대심, 복수심 없이 민주주의를 향한 목소리를 높였다. 여사는 자신을 억류한 군사 정부에 대해 이렇게 말한 적이 있다.

"심지어 의견이 다른 사람들과도 대화해야 한다고 생각합니다. 사실 의견이 다른 사람들과 대화하는 것이 훨씬 중요하죠. 정확히 그들이 우리가 이해하려고 노력해야 하는 사람들이기 때문입니다."

아웅 산 수 치 여사는 어떻게 하루하루 인내심을 유지할 수 있었을까? 궁금했다. 여사는 변함없이 깊고 영적인 삶을 살고 있는데 이는 감금 상태에 있을 때도 마찬가지였다. 《아웅 산 수 치의 평화Letters from Burma》에 그 단서가 나온다. 여사는 인내심이 단 한 번에 끝나는 선택이 아니라 계속 되풀이해야 하는 선택이라고 이해했다. 가택이 봉쇄됐을 때나 봉쇄가 풀렸을 때도, 군인들이 집 밖에 모여 있을 때나 새로운 제한조치를 시행했을 때도, 자유인이 되어 정부에 민주주의를 도입하려는 노력을 기울일 때도 그녀는 의식적으로 인내심을 가지고 투쟁을 계속하겠다고 선택했다. 한 편지에서 여사는 "우리는 우리 일을 계속할 것이다"라고 썼다. 또 다른 편지에서는 "'평소와 다름없이' 우리는 자유를 노래하고 투쟁을 계속했다"라고 썼다. "우리는 한 걸음 한 걸음 앞으로 나아가고, 계속해서 걸음을 멈추지 않을 것이다"라고 쓴 편지도 있다. 그녀의 결심은 편지마다 더 분명해진다. 가는 과정에 어떤 장애물이 존재히든 그것을 인정하고 끈기 있게 앞으로 나아가기로 결심하는 것이다.

인내심은 소유하거나 소유하지 않는 것이 아니다. 인내심은 우리가 거듭 내리는 결정이고 선택이다. 이 사실을 더 잘 받아들일수록 결정하는 데도 더 자유로워질 수 있다. 살을 뺄 때 (최근 본 광고에서 약속하듯) '한 달에 20킬로그램'을 감량하려고 하기보다는 인내심을 갖기로 결심하고 목표를 향해 꾸준히 노력하면 장기적인 성공 가능성을 높일 수 있다. 아이를 가지려고 노력할 때도 인내심을 갖기로 하면 2년 뒤에는 최근 내 친구가 그런 것처럼 기적처럼 아기를 갖게 된다.

인내심을 선택이라고 본다면 아웅 산 수 치 여사만큼 어려운 상황은 아니길 바라지만 어쨌든 자꾸 반복해서 선택의 상황에 직면하게 될 것이다. 매번 우리는 자유롭게 인내를 선택할 수 있

원하는 것이 있다면 끝까지 버텨라

다. 사람을 미치게 만드는 상사, 걸핏하면 싸우려 드는 형제자매들, 짜증스러운 이웃들과의 사이에서 말이다.

인내심을 선택이라고 보는 것의 묘미는 우리가 스스로를 얼마나 인내심 부족이라고 생각하는지는 전혀 중요하지 않다는 데 있다. 우리에겐 늘 선택할 수 있는 다른 기회가 있다! 바로 지금 어떤 상황에 있든 평온함을 선택할 자유가 있다.

날마다 매 순간 선택은 나의 몫이다.

이 또한 지나가리라

오랜 것이 영원한 것은 아니다.

_독일 속담

베르나르도 베르톨루치Bernardo Bertolucci 감독이 부처가 된 싯다르타 왕자의 이야기를 다룬 영화 〈리틀 부다〉를 찍으러 인도에 갔을 때 켄체 노르부Khyentse Norbu는 티베트의 젊은 승려였다. 그는 베르톨루치의 영화에 엑스트라로 출연하면서 영화 병에 걸렸고, 그로부터 5년 뒤 월드컵에 집착하는 어린 승려들의 이야기를 담은 〈컵〉이라는 독립 영화를 발표해 큰 찬사를 받았다. 하룻밤 사이에 켄체 노르부는 유명인이 됐다.

나는 노르부의 인생을 바꾼 영화 〈컵〉 발표 직후 그의 인터뷰를 읽었다. 인터뷰에서 그는 모든 것은 변하며 영원한 것은 없다는 불교의 무상無相 개념에 대해 이야기했다. 그는 불교 신자가

원하는 것이 있다면 끝까지 버텨라

아닌 사람들은 무상이 상실을 강조하기 때문에 우울한 것이라고 생각하지만 무상은 긍정적인 것이기도 하다고 말했다. "무상이라는 개념이 없다면 BMW가 없다는 사실에 좌절했을지도 모릅니다. 그러나 무상은 BMW가 없는 현 상태가 언제든 바뀔 수 있다는 뜻이기도 하거든요."

나는 이 인터뷰를 읽고 웃음이 터졌다. 그의 말은 인상적이었다. 인내심을 실천하는 데 있어 모든 것이 늘 변한다는 사실을 떠올리면 도움이 된다. 설사 상황이 원하는 만큼 빨리, 원하는 대로 바뀌지 않는다고 해도 우리는 그것이 언젠가는 분명 변할 거라고 확신할 수 있다.

인내심이 부족해지면 우리는 지금 현실을 쉽게 응결시켜버린다. 가령 이런 식이다. '이것은 앞으로도 영원히 이렇게 계속될 거야', '나는 영원히 이 일을 하겠지', '평생 기저귀를 갈아야 할 거야', '영원히 재정적 어려움에서 벗어나지 못할 거야', '죽을 때까지 혼자 살겠군', '평생 침대에서 일어나지 못하고 앓겠지'. 크든 작든 불편한 상황에 놓이게 되면 세상이 그 불편한 상황으로 좁혀지기 쉽고 우리는 이 불편한 상황이 과연 끝이나 날까 절망에 빠지기 쉽다.

모든 것이 항상 변한다는 사실을 기억한다면 더 편안하게 인내할 수 있다. 그래서 앞서 소개한 독일의 속담을 접했을 때 미소가 지어졌다. 오랜 것이 영원한 것은 아니다. 그렇게 느껴질 뿐이다.

물론 불교와 독일인들만 이런 가르침을 전하는 것은 아니다. 예수 역시 "이 또한 지나가리라"라고 말씀하셨다. 이 심오한 진실은 힘든 시기에 큰 위안이 된다. 어떤 어려움이든 견딜 수 있는 강인함과 희망, 그리고 인내심을 주기 때문이다.

나사도 날개만큼 중요하다

우리가 대단한 일을 할 수는 없습니다.

위대한 사랑으로 작은 일들을 할 수 있을 뿐이지요.

_테레사 수녀Mother Teresa

테레사 수녀님이 인도의 어느 공장을 방문했을 때 구석에서 한 남자가 즐겁게 콧노래를 부르며 나사를 조립하고 있었다.

"뭐하고 계세요?"

수녀님이 물었다.

"비행기를 만들고 있습니다."

남자가 대답했다.

"비행기요?"

"네. 이 작은 나사들 없이는 비행기가 날 수 없거든요."

나는 이 이야기를 정말 좋아한다. 이 이야기는 하는 일이 힘들고 단조롭다고 느껴질 때 전체 체계에서 나의 역할을 떠올릴 수 있게 하기 때문이다. 이 남자는 아무리 작은 일이라도 자기 일의 중요성을 이해하고 있었고 따라서 끈기 있게 맡은 일을 할 수 있었다.

직장 생활의 많은 요소가 인내심을 시험한다. 맡은 일을 해야 하고, 시스템의 바닥부터 꼭대기까지 사다리를 타고 올라가야 하며, 상사 및 동료들과 부대껴야 한다. 나는 크고 작은 기업들을 컨설팅하면서 조직 생활을 하는 직장인들이 생산성을 높이고 적은 비용으로 더 많은 결과를 창출하려는 끊임없는 요구를 받으면서도, 대부분의 경우 회복탄력성도 높고 긍정적인 것을 보고 언제나 놀랐다. 특히 대기업에서는 거의 항상 구조 조정을 하는 것 같다. 전 직원이 달성해야 하는 올해의 과제가 새롭게 정해지고 전체적인 사업 운영 방식도 또다시 재편된다. 불평불만이 있을 수 있겠지만 대개 직원들은 소매를 걷어붙이고 다시 힘을 낸다. 직원들이 이렇게 다시 마음을 다잡으려면 자신이 중요하다는 사실을 알아야 한다.

〈패스트컴퍼니〉지가 직장인들이 조직에 남아있는 이유를 알아보기 위해 설문조사를 실시한 적이 있다. 돈은 다섯 번째 이유였다. 조직에 남아있는 첫 번째 이유는 효용감 때문이었다. 직장에서 행복하려면 중요한 것에 기여하고 있다는 느낌을 받아야 한다. 수익에, 조직의 목표에, 동지애에 기여한다고 느껴야 한다. 사람마다 영향을 미치고 싶은 방법은 다 다르다. 다만 가치를 인정받고 싶다는 갈망만은 비슷하다.

보스턴 필하모닉의 지휘자인 벤저민 젠더Benjamin Zander는 그의 책 《가능성의 세계로 나아가라 The Art of Possibility》에서 이렇게 썼다. "사람에게는 그것을 표현하는데 아무리 많은 장벽이 있더라도 다른 사람들에게 공헌하고 싶은 보편적인 욕망이 있다." 나에게 다른 사람에게 공헌할 수 있는 능력이 있음을 믿고 그것을 인정받을 때 직장에서 인내심을 더 많이 발휘할 수 있다. 나뿐만 아니라 주변인들도 마찬가지다.

가치는 다른 사람에 의해 인정받을 수도 있지만 궁극적으로는 인도의 공장 노동자가 그랬듯 나만의 의미를 찾아야 한다. 나의 진지한 목적과 세상의 필요가 합쳐지는 곳을 찾아야 한다. 여기에서부터 우리는 능률적인 업무과정, 놀라운 혁신, 더 높은 수익 창출, 사기 진작 같은 목표를 향해 꾸준히 노력할 수 있다. 더이상 즉각적인 결과에 연연하지 않으므로 4년 동안 등을 대고 시스티나 성당에 천장화를 그렸던 미켈란젤로처럼 될 수 있다. 사랑하는 사람들이 희생자들을 기억할 수 있도록 세계무역센터 테러 현장에서 결혼반지 하나, 열쇠꾸러미 하나를 찾으려고 참을성을 가지고 수백만 톤의 잔해를 헤쳤던 자원봉사자들처럼 될 수 있다.

당신이 필요한 곳은 어딘가? 당신은 어떤 가치를 가져오는 가? 한 번에 나사를 하나씩 조여 어떤 걸작을 만들도록 부름 받았는가?

원하는 것이 있다면 끝까지 버텨라

기다림은 삶의 일부분

일어나서 움직이자.

어떤 운명도 마주할 심장을 가지고

계속 달성하고 계속 추구하며

노력과 기다림을 배우자.

_헨리 워즈워스 롱펠로Henry Wadsworth Longfellow

책《인생의 모든 문제에는 답이 있다There's a Spiritual Solution to Every Problem》에서 웨인 다이어Wayne Dyer 박사는 마라톤 시합에 나가기 위해 그리스로 비행기를 타고 갔던 일을 소개한다. 비행기가 뉴욕에서 8시간 동안 출발이 지연됐을 때 대부분의 여행객들은 불평불만을 쏟아놓으며 돌아다녔다. 그런데 단 한 사람, 여든 살이 넘은 자그마한 체구의 그리스인 노부인은 "아주 평화롭게… 아무런 당황의 기색도 보이지 않고" 내내 한자리에 앉아 있었다.

비행기에 탑승하고 보니 노부인의 자리는 다이어 박사의 건너편이었다. "노부인은 나를 보더니 미소 지었다. 그리고 믿지 못하겠지만 이후 13시간 동안… 한 번도 움직이지 않았다. 먹지도, 마시지도, 일어나지도, 영화를 보지도, 불평을 하지도 않고 미동조차 하지 않았다. 탑승 구역에 있을 때와 똑같은 자세로 똑같이 만족한 표정을 지으며 앉아 있을 뿐이었다." 출발한 지 22시간 만에 그리스에 도착했을 때 노부인은 자신을 기다리고 있던 사람들과 인사를 나누면서 활기차고 즐거워보였으며 에너지가 넘쳤다.

그는 22년이 지난 후 이렇게 썼다. "지금까지도 나는 그때와 비슷한 상황에 처하면 검은 옷을 입은 그 자그마한 그리스 노부인을 떠올리고는 어떻게 하면 마음의 평화를 얻고 그것을 유지할 수 있을까 생각한다."

검은 옷을 입은 부인은 많은 사람들이 잊고 지내는 진리를 알고 있었다. 기다림은 삶의 여러 부분에서 필요하며 우리는 그것을 행복하게 할지, 불행하게 할지 선택할 수 있다는 것이다. 나는 이 가르침을 어렵게 배웠다. 예전에 일 때문에 출장을 많이 다녀야했는데 그게 정말 싫었다. 무엇보다도 여행은 줄을 서서 기다려야 한다는 뜻이기 때문이다. 공항 셔틀을 타려고 기다리고, 보안검색대를 통과하려고 기다리고, 비행기에 탑승하려고

원하는 것이 있다면 끝까지 버텨라

기다리고, 내리려고 기다리고, 렌터카를 빌리려고 기다리고….

최근에 남편이 나에게 줄을 서서 기다리는 것에 왜 그렇게 반사적으로 화를 내는지 물었다. 데이비드 베일리 하네드David Baily Harned의 책《인내심: 우리가 세상을 기다리는 방법Patience: How We Wait Upon the World》을 읽기 전까지는 나도 남편이 한 질문의 답을 몰랐다. 책에서 그는 인내심이 부족한 우리 시대에 대해 한 가지 가정을 하고 있었다. "기다림은 인간 삶의 핵심이자 중심이 아니라 어찌 보면 돌발적인 사건이다. 우리는 기다릴 필요가 없어야 한다고 생각한다. 인류의 진보는 기다려야 할 필요로부터의 해방을 의미해야 한다. 과학과 기술이 자연환경에 대한 여러 형태의 의존으로부터 우리를 자유롭게 했기 때문이다." 이 말이 맞는 것 같았다. 사회는 언제 어디서나 기다리지 않을 수 있게 모든 문제를 해결했어야 했다!

하네드는 이런 생각을 하는 사람이 비단 나 한 명만 있는 것은 아니라고 말한다. 현대를 사는 대부분 사람들은 기다림을 삶의 자연스러운 조건이 아니라 어떤 시스템의 결함이라고 생각한다. 그러나 인간은 작물을 심을 수 있는 좋은 날씨, 전염병이 끝날 때, 살았는지 죽었는지도 모른 채 사랑하는 사람이 여러 해 전에 떠난 바다에서 돌아오기를 늘 기다려야 했다. 그때와 지금의 유일한 차이점은 기다려야 한다는 사실 자체에 있는 것이 아니라 기다림의 대상이 무엇이냐 하는 것뿐이다.

사실 종교학 교수인 하네드는 기술과 복잡성이 증가함에 따라 우리가 통제할 수 있는 영역 밖 요소에 대한 기다림도 증가할 것이라고 경고한다. 여러 연구에 따르면 우리는 평균적으로 1년에 11일을 줄을 서서 보낸다. 여기에는 자동차와 비행기 안에서 보내는 시간이나 진짜 사람과 대화하기 위해 자동 응답 시스템을 거치는 시간은 포함되지 않는다. 기술은 기다리는 시간을 줄이는 것이 아니라 기다림의 대상을 바꿀 뿐이다.

하네드 교수의 글을 읽고 시스템은 개선될 수 있어도 우리 삶에서 기다림이 완전히 사라질 수는 없다는 것을 깨달았다. 웨인 다이어가 만났던 그리스 부인처럼 이 사실을 더 분명히 인정할수록 우리는 더 행복해질 것이다. 혹시라도 다음에 자동 응답 시스템 때문에, 우체국에서, 컴퓨터가 먹통이 되어버려 피가 끓어오르기 시작하면 기다림은 우리 삶의 일부라는 사실을 떠올려라.

산다는 것은 어느 정도는 기다리는 것이다.

원하는 것이 있다면 끝까지 버텨라

끝까지 포기하지 마라

나는 몇 달이고 몇 년이고 생각하고 또 생각한다.

99번은 틀린다.

그러나 100번째에는 성공한다.

_알버트 아인슈타인Albert Einstein

얼마 전 한 친구가 우리 부부에게 더 이상 쓰지 않는 데스크톱 컴퓨터를 줬다. 이 컴퓨터는 훨씬 빠르게 인터넷 연결을 할 수 있었다. "좋은데." 우리 부부는 기뻐했다. 친구는 설치도 간단하다고 했다.

안타깝게도 인생의 많은 부분이 그렇듯 컴퓨터 설치는 간단했을지 모르지만 분명 쉽지는 않았다. 남편은 컴퓨터를 계속 만지작거리다가 서비스 회사와 통화를 하더니 결국 두 손을 들었다. 그는 "난 도저히 모르겠어. 그냥 나가서 새 컴퓨터를 사자"

며 투덜댔다.

나는 검소한 뉴잉글랜드 사람인데다가 '그냥 나가서 새 컴퓨터를 사는 것'은 인내심을 포함한 내 모든 가치관에 반했다. 시간을 들여 작동 방법을 알아내기 귀찮다고 (불확실하기는 해도) 완전히 좋은 컴퓨터를 내다 버리는가? "데미안에게 전화하자." 나는 컴퓨터 천재인 의붓아들을 생각해냈다. "제발 다시 해보자. 난 아직 포기할 수 없어." (물론 내가 이렇게 말하기는 쉬웠다. 이미 세 시간이나 컴퓨터에 매달려 있었던 사람은 내가 아니었으므로.)

남편이 다시 컴퓨터와 씨름을 하러 갔을 때 나는 곰곰이 생각을 해봤다. 남편의 반응은 일반적인 것이었다. 우리 문화의 모든 것이 남편과 같은 생각을 지지한다. 작동이 안 되면 버리고 새것을 사라. 인내심 따위는 걱정하지 말고 그냥 편하게 돈으로 해결해라. 낡은 온수기는 고쳐 쓰지 말고 새로 사라. 배우자와의 문제를 파고들어 해결하느니 이혼을 해라.

광고들은 매일같이 인생이 불편하거나 어렵거나 짜증 날 필요가 없다는 메시지를 쏟아붓는다. 단, 자기네가 판매하는 것을 사면 말이다. 인내심을 발휘하는 대신 제품을 쓰고 힘들게 노력하느니 새 하드 드라이브를 사라고 한다.

이런 태도에는 여러 가지 문제가 있지만 그중에서도 미국인들이 지고 있는 엄청난 가계 부채는 특히 심각하다. 그러나 이것

원하는 것이 있다면 끝까지 버텨라

은 가장 명백하게 눈에 띄는 문제일 뿐이다.

보다 미묘한 문제는 이런 믿음을 가짐으로써 너무 빨리 포기하게 되고, 무언가를 끝까지 해낼 때 얻을 수 있는 정신적, 감정적 보상을 놓치게 된다는 것이다. 좌절해서 포기해버리기보다 배우자와의 문제를 끝까지 해결하는 것, 아인슈타인처럼 골치 아픈 딜레마를 해결하려고 한 번 더 시도해보는 것, 그리고 컴퓨터를 작동시키기 위해 계속 노력하는 것. 이렇게 인내심을 필요로 하는 수많은 상황들은 우리에게 나 자신에 대해 가르쳐준다.

수완 있고 유능하며 삶이 도전해올 때도 나 자신을 믿을 수 있음을 배운다. 성공할 경우 돈으로 쉽게 해결했더라면 얻지 못했을 성취감도 경험한다.

이것이 남편이 경험한 것이었다. 남편은 포기를 선언하고 두 시간 후 드디어 방법을 찾았다. 우리는 한 푼도 들지 않았을 뿐만 아니라 그가 자랑스럽게 춤을 추며 침실을 돌아다니는 값을 매길 수 없는 쇼도 볼 수 있었다.

나는 어디를 향해 급히 가는가?

쥐 경주에서 중요한 점은 설사 이겼다고 해도 여전히 쥐라는 점이다.

_릴리 톰린Lily Tomlin

데니스는 내가 아는 가장 체계적이고 빠른 사람 중 한 명이다. 그녀는 단 1분도 허투루 쓰지 않는다. 그 결과 35년 동안 두 개의 스타트업을 창업하는 등 많은 것들을 이뤘다. 그러던 어느 토요일 아침, 데니스는 자신만의 트랙에서 멈췄다.

"남편과 나는 같이 볼일을 보러 나갈 예정이었어요. 나는 효율적으로 할 일을 목록 두 개로 나눴죠. 하나는 남편이 해야 할 일들이었고 다른 하나는 내가 해야 할 일들이었어요. 내 생각은 각자 자기가 맡은 일을 최대한 빨리 해치워버리자는 것이었거든요. 그런데 남편은 목록을 건네주자 낙심한 표정을 지었어요. 그러면서 이렇게 말하더군요. '아, 나는 우리가 함께 하는 게 포

원하는 것이 있다면 끝까지 버텨라

인트인 줄 알았는데.' 1분 정도 머릿속에서 전구가 깜박였지만 무슨 말인지 제대로 이해가 안 됐어요. 서둘러 일을 해버리려는 생각에 너무 바빴거든요. 결국 남편은 나를 떠났어요. 그러고 나서 아주 많은 시간을 생각했어요. 목적지만큼 여정도 중요하다는 사실을 깨닫게 됐지요."

도대체 우리는 어디를 그리 서둘러 가는 것일까? 데니스는 남편과 시간을 보내고 싶었던 깃일까 아니면 할 일을 처리하고 싶었던 것일까? 많은 사람들이 너무 빨리 달리느라 어디를 가려고 하는지, 지금 하고 있는 일이 내게 정말 중요한 일인지 고민조차 하지 않는다.

"당신은 제일 먼저 일어나서 테이블을 치우는 사람인가요?" 이얀라 벤젠트는 묻는다. "1학년 때 가장 먼저 일어나 테이블을 치우면 상으로 별을 받지요. … 그때부터 바빠야 한다는 인식이 시작된 거예요. 자기 몫 이상을 하면 보상을 받았어요. 바쁜 상태가 장려되는 겁니다." 성인이 되면서 이것은 습관이 된다. 이얀라의 표현을 빌리자면 우리는 '더 많이, 더 잘, 더 빨리 하는 사람'이 된다. 하지만 삶을 즐기는가? 이얀라는 그렇지 않다고 말한다. "제 말을 믿으세요. 더 많이, 더 잘, 더 빨리 하는 사람들은 일을 즐기지 않습니다. 그저 멈추는 방법을 모르는 거지요."

만약 서두르는 것보다 더 좋은 답이 있다면 어떨까? 스포츠 심리학자인 게리 맥Gary Mack은 최고의 육상 선수들에게 90퍼센트만 노력하라고 조언한다. 실제로 90퍼센트만 힘을 쏟으면 속도가 더 빨라진다. 왜 그럴까? 수의근은 동시에 움직이는 브레이크와 액셀러레이터처럼 반대의 쌍으로 조직되어 있기 때문이다. 맥은 90퍼센트만 힘을 쓰면 "엄청난 근육 에너지를 쓰면서 한 편으로는 최대 성능을 내는데 반대 작용을 하는 길항근을 이완시킨다"라고 설명한다. 힘을 100퍼센트로 사용하면 근육끼리 서로 충돌해서 작용한다.

살면서 90퍼센트만 노력한다면 어떨까? 이얀라는 이렇게 말한다. "항상 어떤 일을 하고 있을 필요는 없어요. 할 일이 있을 때는 모든 것은 신이 정하신 시간에 신의 질서에 따라 이루어진다는 사실을 기억하고 나에게 편한 속도로 하세요."

아직 이런 생각을 받아들이기 어렵다면 구멍에 빠졌을 때의 첫 번째 원칙을 기억해라. '구멍에 빠졌을 때는 가장 먼저 삽질을 멈춰라.' 혹여 다음에 녹초가 됐을 때는 일단 멈춰라. 삽질을 멈추고 경주를 멈추고, '나는 어디를 그리 급히 가고 있는가? 이곳이 내가 진짜 원하는 목적지인가?' 자문해봐라. 만약 이 질문들에 대해 모두 긍정적으로 답할 수 있다면 100퍼센트의 결과를 얻기 위해 어떻게 90퍼센트만 힘을 쏟을 수 있을까 생각해라.

원하는 것이 있다면 끝까지 버텨라

지루함은 머릿속에 있다

사람들이 지루해할 때 지루한 것은 주로 자기 자신이다.

_에릭 호퍼

애나는 새로운 습관이 배었다. 갑자기 하고 싶지 않은 모든 것에 '지루하다'는 꼬리표를 붙이게 된 것이다. 내가 어떤 이야기를 읽자고 제안하거나 같이 볼일을 보러 가자고 하면 "지루하다"고 외친다. 2분 안에 요구를 들어주겠다고 말하면 "기다리기 너무 지루한데"라고 우는 소리를 한다. "너 이러는 건 어디에서 배웠니?"라고 물으면 답하지 않는다. 아무래도 우주의 정기에서 흡수한 것 같다.

도처에서 지루하다는 푸념이 들린다. 오늘날 분명한 사실은 인생에서 지루한 것보다 더 큰 죄는 없다는 것이다. 요리가 완성되길 기다리기 지루하다. 전자레인지에 넣고 돌린다. 영화 플롯

이 전개되길 기다리기 지루하다. 빨리 감기 버튼을 누른다. 책을 처음부터 끝까지 읽기 지루하다. 인터넷에서 페이스북 업데이트를 훑어본다. 우리는 속도 빠른 비디오 게임, 짧게 편집되어 모호한 뮤직 비디오, 진행 속도가 빠른 TV 프로그램(사람들은 속도를 높이는 기술적인 방법을 찾았다. TV 속 대화는 화자의 실제 말하는 속도보다 더 빠르다)에 열광한다. 우리는 지속적인 자극을 원하고 필요로 한다. 그렇지 않으면 지루해한다.

빠르면 재미있고 마음이 들뜬다. 하지만 여기에는 가격표가 붙어있다. 집중력, 깊이 있는 사고력, 문맥을 이해하는 능력, 앞으로 여러 날 동안 결실을 맺지 못해도 그것을 위해 오늘을 열심히 사는 능력은 어떻게 될까?

인간의 경험에서 많은 것들을 지루하다고 분류하게 된 것은 비교적 새로운 현상이다. 공허하고 자극이 부족하다는 느낌, 즉 지루하다는 개념은 19세기까지 존재조차 하지 않았다. 그전에는 말을 지나치게 길게 하거나 주제를 횡설수설하는 사람에 대해서만 지루하다는 말을 썼다. "오, 저 사람은 정말 지루하군!" 이런 식으로 말이다. 이제 지루함은 죽음보다 더 나쁜 존재 상태를 의미한다.

심리학자들은 우리가 책, 영화, 일, 인간관계 등 '외부'에 있다고 생각하는 문제가 실은 우리 안에 있다고 말한다. 지루함은 만족을 지연시키지 못하고 좌절에 대한 역치가 낮기 때문에 생긴다는 것이다. 둘 다 삶과 사랑에서 성공하는데 심각한 영향을 미친다.

뭔가가 지루하다고 말할 때 그 진심은 그것을 참을 인내심이 없다는 것이다. 우리는 문제의 근본 원인과 해결책을 찾기 위해 나 자신을 살펴보는 것이 아니라 지루한 감정을 불러일으키는 대상을 조사하고 그것에 문제라는 딱지를 붙여버린다.

많은 인간 경험이 지루하게 느껴질 수 있다. 육아나 인간관계에서, 또 일을 할 때도 '아무것'도 일어나지 않는 기간, 혹은 적어도 확실한 것이 없어 보이는 기간이 있다. 우리는 그런 순간을 지루하다고 치부하고 아무거나 지루함을 덜어줄 것을 찾는다. 그러나 이런 상황을 인내심을 발휘해 더 깊이 들여다볼 수 있는 기회로 삼을 수도 있다.

한 번 해보자. 일주일 동안 아무것도 지루하다고 여기지 않는 일종의 단식에 들어가 보는 것이다. 말하자면, 교통 체증이 일어났을 때나 통화 대기 중에 내 마음이 지루하다는 꼬리표를 붙이려고 하면 나 자신이나 주변 세상에서 일어나는 일에서 흥미로운 점을 찾아라. 이런 태도는 경험을 어떻게 변화시키는가?

주의를 기울이면 가장 틀에 박힌 일상조차 지루하지 않다. 설거지를 할 때 손에 느껴지는 따뜻한 비눗물의 감촉에 집중한다면 경험은 어떻게 바뀌게 될까? 정원의 잡초를 뽑을 때 햇살 아래서 허리를 구부렸다 펴는 느낌은 어떠한가? 갑자기 나타난 머리에 볏이 있는 저 회색 새의 이름은 뭘까? 우리는 보통 삶을 이 정도까지 경험하지 않지만 주의를 기울이면 이렇게 놀라운 세상에 살고 있다는 바로 그 사실에 엄청난 환희를 느낄 수 있다.

원하는 것이 있다면 끝까지 버텨라

너무 심각하게 받아들이지 마라

개인적으로 받아들이지 마십시오.

_돈 미겔 루이즈Don Miguel Ruiz

두 리더가 만나고 있었다. 그때 리더 1의 직원이 고함을 지르고 주먹을 휘두르며 불쑥 들어왔다. 리더 1이 말했다. "규칙 6을 기억하세요." 그랬더니 남자는 즉시 마음을 가라앉히고 사과하더니 방을 나갔다. 이런 일이 두 번 더 일어났다. 결국 리더 2는 도저히 참을 수가 없어서 "규칙 6이 뭡니까?"라고 물어보았다. 그랬더니 리더 1은 이렇게 답했다.

"'너무 심각하게 받아들이지 마라'입니다."

"좋은 규칙이네요. 다른 규칙은 뭔가요?"

리더 2가 물었다. 그러자 리더 1이 대답했다.

"그것뿐입니다."

책《가능성의 세계로 나아가라The Art of Possibility》에서 이 이야기를 읽었을 때 참 마음에 들었다. 인내심에 대해 굉장히 많은 것을 가르쳐주기 때문이다.

인내심이 적은 사람일수록 자만심을 더 많이 드러낸다는 것을 아는가? 나는 더 좋은 대우를 받을 자격이 있으니까 참을 필요가 없어. 나는 더 좋은 곳에 있어야 하고 더 좋은 일을 해야 해. 나는 기다리기엔 너무 중요한 사람이야. 이런 사람들은 세상이 나를 중심으로 돈디고 혹은 나를 중심으로 돌아야 한다고 생각한다. 한 친구의 아버지는 인내심이 아주 부족한 사람이었는데 식당 종업원, 가게 점원, 그밖에 자신에게 방해가 된다고 생각하는 모든 사람들에게 "당신, 내가 누군지 몰라?"라고 크게 소리치곤 했다.

《가능성의 세계로 나아가라》에는 자만심과 인내심 부족 사이의 연관성을 보여주는 또 다른 재미있는 이야기가 나온다. 한번은 유명한 지휘자 헤르베르트 폰 카라얀Herbert von Karajan이 택시에 타서 기사에게 빨리 가자고 소리쳤다. "어디로 모실까요?" 택시 기사가 물었다. 그러자 폰 카라얀은 "그건 상관없소. 모든 곳이 나를 필요로 하니까"라고 답했다.

성장이라는 과제를 달성하려면 건강한 자존감과 지나친 자기중심주의 사이, 내가 얼마나 멋진 사람인지 아는 것과 세상이 나를 중심으로 도는 것은 아니라는 인식 사이에 균형 잡기가 필요하다.

우리가 조바심을 느끼는 이유 중 하나는 마음속 깊은 곳에서 우리는 삶이 언제나 우리 뜻대로 풀려야 한다고 믿으며 그렇지 않으면 뭔가가 크게 잘못됐다고 믿기 때문이다. 이런 믿음은 우리에게 남아있는 유아기적 사고에서 비롯된다. 아기였을 때 세상은 언제나 우리 뜻대로 돌아갔다(아니면 적이도 그렇게 돌아가야 한다). 양육자들은 나의 필요를 즉시 만족시켜주기 위해 존재했고 인생은 정말 나를 중심으로 움직였다.

그러나 이내 규칙이 바뀌었다. 형제자매들과 어울리고 식사 시간을 지키고 어린이집을 가야 하는 등 더 큰 체제에 적응해야 했고 삶은 더 이상 예전과 같지 않아졌다. 우리는 성장하면서 내가 제아무리 대단해도 우주의 중심은 아니라는 사실을 받아들여야 한다. 어떤 면에서 우리는 여전히 이때 겪은 상실을 슬퍼하고 있다.

따라서 조바심이 느껴질 때는 나는 우주의 중심은 아니며 일어나는 일을 개인적으로 받아들일 필요는 없다는 사실을 떠올리면 도움이 된다. 삶은 공명정대하게 제 갈 길을 갈뿐이고 우리는 그 흐름과 더 잘 조화될수록 더 행복해지고 더 큰 만족을 느낄 것이다.

너무 심각하게 받아들이지 마라. 규칙 6을 잊지 않는다면 삶의 역경을 더 가볍게 만들어 조금 더 유연하게 대처할 수 있다.

원하는 것이 있다면 끝까지 버텨라

주의를 기울이는 것만큼
주의를 접는 것도 중요하다

일찍 일어나서 하루 종일 졸고 있는 것보다

늦게 일어나서 정신을 바짝 차리고 있는 편이 낫다.

_작자 미상

직원 중에 말도 안 되게 정력적인 사람이 있었다. 바버라는 자신
이 누구보다도 오랜 시간 일하고 절대 휴가를 내지 않는다는 사
실에 자부심을 느꼈다. 휴가를 가라고 등을 떠밀어야 할 판이었
다. 나는 왜 그녀가 쉬어야 한다고 생각했을까? 바버라는 고객
과 동료들에게 참을성이 부족해졌고 일에서 오는 짜증에 회복
탄력성도 떨어졌다.

　아이들이 피곤하면 날카로워진다는 사실은 쉽게 이해하면서
어른도 마찬가지라는 사실은 왜 잘 이해하지 못하는 걸까? 나는
인내심 부족의 상당 부분은 쉬지 않는 데서 비롯된다고 확신한

다. 이메일, 음성 메일, 문자, 전화. 결코 쉴 틈이 없다. 글로벌 물류기업 피트니보우스Pitney Bowes가 실시한 조사에 따르면 근로자의 38퍼센트가 1시간에 6번 이상 방해를 받는다고 응답했다. 직장은 낮밤을 가리지 않고 아무 때나 연락을 할 수 있고 실제로 연락을 하기도 한다. 주말이라는 개념은 그 의미를 전부 잃은 것 같다. 방해받지 않는 휴식 시간이 전혀 없다.

게다가 우리는 인터넷, 잡지, TV, 라디오, 책 등 끊임없는 정보의 홍수 속에서 살고 있다. 왜 그렇게 많은 사람들이 단기 기억력에 문제를 갖고 있는 것일까? 알그린버그어소시에이츠R/Greenberg Associates의 릭 웨건하임Rick Wagonheim은 "우리는 모두 약간의 주의력 결핍 장애를 겪고 있다"고 말한다. 대체 그 이유는 무엇일까? 우리의 가엾은 뇌는 "이제 그만!"이라고 외치고 있는 것이다.

이런 모든 자극과 밖을 향한 주의는 모든 것을 흐릿하게 만들고 인내의 대척점에 있다고 할 수 있는 정신적 불안감을 일으키는 결과를 가져온다. 기술 전문 저널리스트인 데이비드 셍크David Shenk는《인내심의 종말The End of Patience》에서 이렇게 썼다. "정보의 이동이 더 빠른 정보의 고도에 다다를수록 우리 눈과 귀, 대뇌 피질은 따라가야 할 것이 더 많아진다. 우리는 따라가기는 한다. 하지만 이를 위해 집중력을 더 짧게 유지하는데 익숙해지고 종종 설익은 아이디어와 어설픈 성과로 이어지는 '멀티태스킹'이라는 정신없는 과정에 발을 들인다. 그리고 이렇게 우리는 조용한 성찰의 순간을 잃는다."

우리에게는 성찰의 시간 외에도 필요한 것이 있다. 적절한 수면도 필요하다. 미국인의 수면 패턴에 대한 최근 통계에 따르면 7명 중 1명은 불면증이 있으며, 10명 중 1명은 만성적인 수면 장애를 가지고 있는 것으로 나타났다. 미국수면재단National Sleep Foundation은 미국인의 평균 수면 시간이 1세기 전보다 20퍼센트, 하루 1.5시간 감소했다고 발표했다.

1.5시간은 별것 아닌 것처럼 보일지도 모르겠다. 그러나 연구원들은 이것이 고혈압, 고혈당 등 건강상 온갖 문제를 유발하며 스리마일 섬과 체르노빌에서 일어난 원전 사고, 엑손 발데즈 원유 유출 사고, 챌린저 우주왕복선 폭발 사고와 같은 재앙적인 사건의 한 원인이었다는 것을 알아냈다. 많은 사람들이 술에 취한 것만큼 위험한 수면 부족 상태로 살아가고 있다.

사람은 모두 충분한 수면이 필요하며 다른 누구에게도 방해받지 않고 깨어 있는 시간 역시 필요하다. 그렇지 않으면 삶에 필요한 정신적, 육체적 에너지를 비축해둘 수가 없다. 개개인은 자기만의 방법을 찾아서 현명하게 일정을 계획해야 한다. 나는 8시에서 6시까지는 아주 열심히 일한다. 그 이후 시간은 일하지 않는다. 예외는 있지만 주말에도 일하지 않는다. 이렇게 '규칙'을 만들어 지킨 결과 훨씬 더 인내심이 많아졌다. 반대로 내 규칙을 오랫동안 지키지 못했을 때는 모든 사람과 모든 상황이 나를 분노로 몰고 간다.

전설적인 야구선수 사첼 페이지Satchel Paige는 이렇게 말했다. "위가 말을 안 들으면 누워서 편안한 생각을 하면서 진정시키세요." 아멘! 긴장을 풀고 인내심이 커지는 것을 보라.

한발 떨어져 더 넓은 시야로 보라

침착하라. 백 년 후에는 모두 하나일 것이다.

_랄프 왈도 에머슨Ralph Waldo Emerson

7월 넷째 주 주말이었고 애나는 4일 내내 내 옆에 붙어있었다.
"엄마, 우리 이제 수영 갈 수 있어요? … 엄마, 엄마, 주스 마셔
도 돼요? … 엄마, 음, 음, 엄마, 이제는 수영 갈 수 있어요? 엄마,
〈위글스The Wiggles〉 봐도 돼요? 엄마, 엄마, 엄마 … " 나는 도대체
몇 번이나 '엄마'를 부르나 세다가 1,372번째에서 포기하고 말
았다. 결국 일요일 밤, 엄마도 좀 쉬어야 하니 아무 질문도 하지
말고 10분만 있어줄 수 있냐고 부탁했다. 아이는 어떻게 답했을
까? "왜요?" (이 말에 나는 웃음이 터졌다. 웃음은 인내심을 불러일으키는 대
단한 촉진제이다.)

　대개의 경우 나는 딸아이의 행동을 한발 물러나 객관적으로

봄으로써 화를 내지 않고 위기를 견뎌냈다. 인생이라는 큰 그림에서 봤을 때 '질문이 끝없이 계속되는 4일'이 뭐가 중요하겠는가? 딸이 내 관심을 그렇게 원하니 얼마나 행복한가 생각했다. 10대 아이들을 길러봤기 때문에 내가 딸의 우주에서 중심이 되는 시간, 동경의 대상이 되는 시기는 눈 깜짝할 사이에 지나갈 것이고 즐길 수 있을 때 즐겨야 한다는 사실을 알고 있었다.

어떤 것을 배우기 시작할 때 나는 관련된 모든 책을 읽고, 아는 사람들 중에서 내가 원하는 자질을 가진 사람들을 주의 깊게 연구한다. 어떻게 행동하는지 보고 질문도 많이 던진다. 책은 이론에는 빠삭해도 실천에는 부족하기 쉽다. 인내심의 경우에도 어떻게 인내심을 가져야 하는지 쓴 책은 많지만 실제로 인내심을 실천하는 방법에 대해 쓴 책은 많지 않다. 그래서 나는 인내심이라는 파악하기 힘든 자질을 안팎으로 배우기 위해 아는 사람들에게 많이 의지할 수밖에 없었다.

내가 알아낸 인내심을 실천하는 한 가지 방법은 애나에게 그런 것처럼 사람이든, 장소든, 상황이든 거슬리는 것을 어떻게든 한 발 떨어져 보면 인내심이 생긴다는 것이다. 한 친구는 이렇게 말했다.

"나는 나 자신에게 이 일이 15년 뒤나 15일 뒤, 아니면 15분 뒤에도 중요할 것인가 물어봐. 이 질문으로 흥분할만하다고 생각했던 일이 실은 별일이 아니라는 것을 알게 되지."

30여 년간 암 투병 중인 친구 도나는 어제 내게 보낸 이메일에 "오늘 100가지 정도의 일들이 잘못됐지만 모두 암보다는 낫잖아!"라고 썼다.

무슨 일이든 더 넓은 시야로 보면 자동적으로 인내심을 얻게 된다. 더 넓은 시야로 보면 '짐이 또 쓰레기를 안 버렸네', '우리가 왔는데도 아빠가 고마워하지 않으시네' 이런 자잘한 부분에서 눈을 돌려 상황을 전체 삶의 의미라는 더 큰 문맥 안에 놓을 수 있기 때문이다.

여기에서 우리는 '이것이 정말 중요한가? 여기에서 중요한 것은 무엇인가?'라는 몇 가지 중요한 질문을 던질 수 있다. 짐은 훌륭한 아버지이자 다정하고 온화한 남편이다. 쓰레기를 버려야 한다는 걸 조금 잊는 게 그의 장점에 비해 무슨 대수인가? 우리 관계에서 진정 무엇을 원하는가? 사랑이 넘치고 단란한 가정인가, 깨끗한 집인가?

인내심은 큰 그림을 바라보면서 일상의 자질구레한 부분에 지나치게 얽매이지 않을 때 생긴다. 카메라에 줌 렌즈와 광각 렌즈가 있는 것과 같다. 가까이에서 보면 두더지가 파 놓은 흙더미도 거대한 산처럼 보일 수 있다. 하지만 멀리서 보면 실은 산이 아니었다는 사실이 보인다. 좋은 소식은 카메라를 잡고 있는 사

람이 바로 우리 자신이며 언제든 원할 때 렌즈를 바꿔 끼울 수
있다는 것이다.

원하는 것이 있다면 끝까지 버텨라

통제할 수 있는 것과 없는 것 사이

나는 결혼에 찬성한다.

평생 동안 괴롭히고 싶은 특별한 한 사람을 찾는다는 건

정말 멋진 일이다.

_리타 루드너Rita Rudner

남편을 만나기 전 14년 동안 월이라는 남자와 함께 살았다. 헤어지기 전 6년 동안 월은 한 시간 반 정도 떨어진 직장에서 매우 강도 높은 일을 해야 했고 업무 시간도 길었다. 나는 그가 언제 귀가할지 알 수가 없었다. 휴대폰도 있기 훨씬 전이라 내 입장에서는 아주 간단한 부탁을 했다. 매일 오후 5시가 되면 언제쯤 퇴근할지 전화로 알려달라는 것이었다. 그래야 저녁 식사를 준비할 수 있으니까 말이다.

쉬운 일 아닌가? 그런데 월은 이 약속을 지키지 못했다. 적어도 꾸준히는 지키지 못했다. 그는 며칠 연속으로 전화하다가 까먹어버렸다. 회의에 참석하고 있을 때도 있었고, 비행기에 타고 있을 때도 있었다. 어쨌든 나는 그가 약속을 지키게 할 수 없었다. 월이 약속을 잊어버리는 날이 많아질수록 나는 더 화가 났다. 결국 나의 인내심은 완전히 사라졌다. 그가 깜박할 때마다 약속을 까먹은 모든 순간이 떠올랐다. 내가 불평만 했기 때문에 월은 나를 피하기 시작했다.

40대가 되기 전에 알았으면 좋았을 것 같은 한 가지 깨달음은 절대 다른 사람의 행동을 통제할 수 없다는 것이다. 다른 사람의 행동을 내 마음대로 통제하기란 솔직히 불가능하다. 이런 사람도 있고 저런 사람도 있는 법이다. 그러나 직장과 가정에서 우리가 나누는 의사소통은 많은 부분 타인의 행동을 바꾸려는 의도로 이루어진다. 노력하면 내가 원하는 것과 원하는 이유를 타인에게 조금 더 이해시킬 수 있지만, 궁극적으로 어떤 사람의 변화는 전적으로 그 사람 본인에게 달려 있다. 도움을 줄 수는 있지만 내 장단에 맞춰 춤추게 할 수는 없는 것이다.

남편을 움직여 등 운동을 하게 할 수는 없지만 그가 원할 때 도와줄 수는 있다. 직원들을 자기주도적으로 만들 수는 없지만 책임감을 높이는 환경은 만들 수 있다. 세 살짜리 딸에게 대소변을 가리게 할 수는 없었지만 격려할 수는 있었다.

대부분 사람들은 이것을 잘 보지 못한다. 티머시 골웨이Timothy Gallwey는 저서《이너게임Inner Game of Work》에서 다른 사람들과의 관계에서 우리가 통제할 수 있는 것과 없는 것을 정리해놓았다. 다른 사람의 태도와 수용능력은 통제할 수 없다. 다른 사람이 이야기를 얼마나 경청하는지, 어떤 동기와 우선순위를 가지는지, 관계에 열려 있는지, 나를 좋아하는지, 말하는 요점을 이해할 수 있는지, 내가 하는 말을 어떻게 받아들이는지, 내 의견을 받아들일 것인지. 이런 것들은 통제할 수 없다.

반면 다른 사람에 대한 나의 태도는 통제할 수 있다. 배움에 대해 어떤 태도를 가질 것인가, 얼마나 수용적으로 말을 들을 것인가, 타인의 관점을 인정할 것인가, 타인의 시간을 존중할 것인가, 타인의 생각에 어떻게 관심을 표현할 것인가, 얼마나 듣고 얼마나 말할 것인가, 나 자신에 대해 어떻게 생각할 것인가. 이런 것들은 통제할 수 있다.

통제할 수 있는 것과 없는 것 사이에 어떤 차이가 있는지 주목해보자. 우리는 다른 사람에 대해서는 아무것도 통제할 수 없지만 내가 다른 사람을 어떻게 이해할 것인지는 완벽하게 통제할 수 있다. 그리고 나의 태도를 통제하면 당연히 내 관점을 받아들이는 다른 사람의 의지에 큰 영향을 미치게 된다.

다른 사람을 완전히 통제할 수 없다는 사실을 인정할수록 인내심을 더 많이 발휘할 수 있다. 불가능한 시도를 멈추고 인내심을 바른 방향으로, 즉 바꾸고 싶은 것을 인내하는 나 자신에게로 향하게 할 수 있기 때문이다.

다른 사람들과 공존해야 하는 상황에서 '평온을 비는 기도Serenity Prayer'를 떠올리는 것만큼 좋은 방법은 없을 것 같다.

"주여, 제게 바꿀 수 없는 것들을 받아들일 수 있는 평온함과 바꿀 수 있는 것들을 바꿀 수 있는 용기, 둘의 차이를 알 수 있는 지혜를 주소서."

어떤 것은 기다릴 가치가 있다

기다림은 욕망을 또렷하게 한다.

사실 기다림은 우리의 진짜 욕망이 무엇인지 알게 한다.

지나가는 열정과 참된 열망을 분리시킨다.

_데이비드 런콘David Runcorn

한번은 〈뉴욕타임스〉에 J. K. 롤링이 해리포터 시리즈의 제5권을 마무리 짓는데 어려움을 겪고 있어 어린 독자들이 인내심을 잃고 있다는 기사가 실렸다. "서두르지 않으면 다른 관심거리를 찾아 떠날 거예요." 이런 말도 실렸다.

이 말을 읽고 나는 매우 심란해졌다. 이 말의 기저에는 '당장 내 욕망을 만족시켜주지 않으면 나는 여기서 빠지겠다'라는 태도가 내포되어 있었기 때문이다. 만약 이 말이 그저 한 개인의 의견이었다면 그렇게 충격적이지 않았을지도 모른다. 하지만 이 말은 '원하는 것을 얻으려고 버티기에는 너무 변덕스럽다'는 사회 전체의 추세를 반영하고 있는 것 같았다.

연구자들은 아이러니하게도 원하는 것을 바로 얻게 되면 모든 것에 싫증과 불만을 느끼게 된다고 말한다. 슈퍼 부자로 태어난 사람들이 주로 겪는 문제로 모든 것을 너무 쉽게 얻기 때문에 아무것도 기쁘지 않은 것이다. 인간의 정신은 원하는 것을 향해 노력할 때 참된 만족감을 느낀다. 원하는 것에 대한 기다림이 그것을 얻었을 때의 기쁨에 한몫하는 것이나. 효모가 제 역할을 한 후 갓 구운 빵 맛을 떠올려봐라. 이 기다림이 우리의 식욕을 돋운다.

최근 이것을 직접 경험한 일이 있었다. 몇 년 전 나는 경제적인 문제로 디자이너가 지은 나무 바닥 집에서 바닥 전체에 베이지색 카펫이 깔린 별 특징 없는 작은 집으로 이사했다. 곧 유아 한 명과 고양이 두 마리가 만드는 모든 얼룩이 눈에 띄었다. 나는 그 카펫을 본 순간부터 뜯어내고 싶었다. 그래서 한 푼 두 푼 모았다. 그리고 4년 뒤 집 전체에 나무 바닥을 깔면서 꿈이 이루어졌다. 매끄럽게 반짝이는 표면에 금빛으로 태닝된 참나무 바닥을 볼 때마다 속으로 콧노래가 나왔다. 재미있는 것은 내가 전에 살았던 집의 바닥보다 이 바닥을 훨씬 더 소중히 생각한다는 것이다. 이 바닥을 얻기 위해 오랜 시간을 기다리며 노력했기 때문이다.

기다림이 욕구를 즉각 만족시킬 때보다 더 큰 기쁨을 가져다 준다는 사실을 안다면 인내심을 실천하기가 훨씬 쉬워진다. 나 역시 진작 이 사실을 알았더라면 그 끔찍한 카펫을 볼 때마다 '나중에 드디어 새로 마룻바닥을 깔게 되면 얼마나 더 기쁠지 생각하자'고 되뇌었을 것이다!

기다림에는 또 다른 이점이 있다. 기다림은 진짜 원하는 것과 진짜 중요한 것을 알 수 있게 해준다. 나는 첫날부터 마룻바닥을 원했고 이 마음은 1,460일 뒤에도 여전히 그대로였다. 마룻바닥은 그저 지나가는 욕망이 아니었다.

어떤 것들은 기다릴만한 가치가 있다는 사실을 명심해라. 우리는 기다릴만한 가치가 있는 것을 판단하고 그것을 얻게 됐을 때 진심으로 소중히 여길 수 있다.

잘 될 것이다

신념은 보이지 않는 것에 대한 믿음이다.

방법은 모르지만 언젠가, 어디선가, 올바른 방식으로 바라는 일이

실제로 일어날 거라고 조용히 확신하는 것이다.

_대프니 로즈 킹마Daphne Rose Kingma

사라는 경제가 어려운 시기에 하이앤드 사업을 시작한 20대 후반의 기업가이다. "동업자와 직원들에게 계속 짜증이 나요. 동업자는 하루에 반은 저에게 '진정해'라고 말하고 있어요. 최악인 점은 저도 동업자의 말이 옳다고 생각한다는 거죠. 조급증은 상황에 전혀 도움이 안 되는데 좀처럼 벗어나지 못할 것 같아요."

사라는 자기 인식이 뛰어난 사람이었다. 본인을 포함한 모두에게 왜 그렇게 조바심을 내는지 생각을 묻자 조용해지더니 이윽고 이렇게 답했다. "아, 왜 그런지 알겠어요. 미래가 두렵기 때

원하는 것이 있다면 끝까지 버텨라

문이에요. 실패할까봐 너무 걱정이 돼서 나쁜 미래가 펼쳐지지 않게 모든 노력을 다하고 있거든요. 그런데 제 조바심은 오히려 실패할 가능성을 높이기만 할 뿐이죠!"

이 젊은 여성이 깨달은 것처럼 인내심을 키우는 태도 중 하나는 좋은 결과가 있을 거라고 확신을 갖는 것이다. 행복한 미래를 믿으면 지금 이 순간 더 침착하게 기다릴 수 있다. 행복한 미래를 믿으려면 자기 자신과 파트너, 우리가 믿는 신, 우주의 선함에 대한 신념이 필요하다. 보장된 것은 아무것도 없기 때문이다. 어떻게 될지 정확히 모르지만 행복한 미래가 올 것처럼 살아야 한다. 이것이 늘 쉽지는 않을 것이다. 특히 많은 것이 걸려 있는 경우에는 더욱더 그렇다.

아이러니한 것은 반드시 그런 것은 아니더라도 신념이 만들어내는 평온한 상태에서 좋은 결과가 도출될 확률이 더 높다는 것이다. 마음이 두렵고 조급해지면 우리는 균형을 잃고 마주한 문제를 헤치고 나갈 수 있게 우리를 인도하는 내면의 지혜에서 단절된다. 인내심을 유지하면 당면한 과제를 해결하기 위해 우리의 내적, 외적 자원을 모두 투자할 수 있다.

좋은 결과를 믿는다는 것이 인생의 진짜 어려움을 의식하지 못하고 현실을 외면한 극단적인 낙천가가 된다는 뜻은 아니다. 우리는 신중해야 하고 필요할 때는 양질의 조언과 도움을 구해야 한다. 상황이 좋지 않더라도 스스로에게 진실을 알려야 한다. 사실과 믿음으로 무장한 우리는 가능한 최선의 결정을 내릴 수 있다.

한 번은 어떤 고객이 내게 와서 이렇게 말했다. "사업 자금이 바닥날 때까지 2주쯤 남았습니다. 나는 내 제품과 나 자신에 대한 믿음이 있어요. 제가 어떻게 해야 할까요?" 우리 둘은 한 시간 동안 머리를 맞대고 고민했다. 이후 6개월 동안 나는 그녀를 만나지 못했다. 그러다가 갑자기 전화가 걸려왔다. 이 고객이 배급업자를 찾아서 사업을 유지하고 있다는 소식이었다.

좋은 결과를 믿는다고 해서 인생이 정확히 원하는 대로 된다는 보장은 없다. 사업이나 인간관계에서 실패할 수도 있고, 주식시장이라면 오름이 있으면 내림이 있을 것이다. 결국 신념은 일이 원하던 대로 풀리지 않더라도 결국은 잘될 것임을 믿는 것이다. 갖고 있는지도 몰랐던 능력을 개발하고, 이런 경험을 하지 않았더라면 사귈 수 없었을 우정을 키우고, 유용하게 활용할 수 있는 기술을 배웠으니 말이다.

이것이 사라가 알게 된 것이었다. 설사 사업에 실패하더라도 실패가 아니라는 것 말이다. 그녀가 사업 경험을 인내심과 지혜, 신념을 키울 기회로 삼았다면 많은 것을 얻었을 것이다. 그리고 그것만으로도 결과는 좋은 것이다.

원하는 것이 있다면 끝까지 버텨라

시간은 필요한 만큼 걸리는 법이다

어떤 것은 오직 시간을 통해서만 이루어진다.

시간이 그것을 데려다준다.

– M. C. 리차드M. C. Richards

몇 년 전 남편은 일하던 회사가 망하면서 직장을 잃었다. 그리고 현직자를 만나 가볍게 대화를 나누는 자리라고 생각했던 곳에 가서 완벽한 새 기회를 발견했다. 직장 위치도 가까웠고 시간도 유연해서 딸을 양육하기에 좋았으며 의료보험 혜택도 만족스러웠다. 남편은 그 업계를 사랑했다. 남편과 대화를 나눴던 사람도 남편을 보고는 직원이 필요하다고 생각했다.

남편이 만난 현직자가 특별한 약속을 해준 것은 아니었지만 둘은 서로 통한 것 같았다. 그곳은 큰 공공 기관과 연계된 곳이었고 취업을 하려면 거쳐야 할 과정이 많았다. 현직자는 결과가 나오려면 한 달 정도 걸릴 거라고 생각했다.

한 달이 지났다. 남편은 계속 기다렸지만 아무런 소식도 들려오지 않았다. 어느 날 전화가 오기는 했지만 여전히 과정이 진행 중이라는 말뿐이었다. 두 달 뒤 남편은 최후통첩을 해야 하나 고민했지만 정말 원하는 자리였기 때문에 인내심을 가지고 기다리기로 했다. 세 달이 지났다. 남편은 임시직을 구했다. 몇 번이나 전화를 걸어 재촉하고 항의하고 싶었지만 긍정적으로 생각하고 연락이 오기를 기다리기로 했다. 마침내 그 모든 인내가 결실을 맺었다. 처음 면접을 보고 네 달이 지나서야 채용이 된 것이다.

나는 남편이 중요한 가르침을 기억하고 있었던 덕분에 그 자리를 얻었다고 생각한다. 모든 일에는 그에 필요한 시간이 있다는 사실이다. 어떤 영적 지도자는 "흐르는 강물을 손으로 밀 수는 없다"고 말하기도 했다. 최근 지인이 자신의 83세 할머니가 전해준 지혜를 내게 말해줬을 때에도 이 가르침에 대해 생각했다. "감기에 걸리면 옷을 껴입고 침대에 누워서 닭고기 수프를 마시지. 그러면 7일이면 나을 거야. 아니면 이런 걸 아무것도 하지 않을 수도 있지. 그래도 일주일이면 나을 거야."

감기에 걸렸거나 취업 결과를 기다려야 하는 상황이 아닐 수도 있다. 하지만 인생에는 원하지 않더라도 그냥 기다려야만 하

원하는 것이 있다면 끝까지 버텨라

는 일들이 있다. 운명의 짝을 만나는 일, 시험 결과를 확인하는 일, 돈을 더 많이 버는 일, 아이가 대학교 장학금을 받을 수 있을지 아는 일. 언뜻 보기에 나의 한계를 넘어서 기다려야 할 때도 있다.

무엇이 나를 화나게 하든 그것이 해결되려면 필요한 만큼의 시간이 걸린다는 사실을 기억하자. 그러면 인내하기가 더 쉬워진다. 어떤 일이 지금 당장 일어나야 한다고 억지 부리지 말고 시간이 흘러가게 하자. 아기는 꼬박 아홉 달을 엄마 배 속에서 자라야 한다. 우리는 아기가 더 빨리 태어나는 것은 바라지 않는다. 서두르려는 일들을 새 생명처럼 바라보면 어떨까? 그러면 더 잘 기다릴 수 있을까?

삶은 그만의 속도로 움직인다. 이 사실을 더 잘 받아들일수록 더 많은 인내심을 갖게 될 것이다. 빨래가 밀려있거나 내 말을 끊는 사람을 만났을 때 순간적인 짜증을 참는 것, 그 이상의 인내심은 영혼을 만든다. 참을성 있게 기다린다는 것은 바람에 구부러지고 휘어져도 어떻게든 살아남는 갈대처럼, 인생이 흔들릴 때 삶이 자기 속도대로 흘러가게 놔두고 나를 변화시키게 하는 것이다.

나도 틀릴 수 있다

내 뒤에 있는 운전자에게 인내심이 있다면 존경하겠지만,

내 앞에 있는 운전자에게 있다면 또 다른 얘기이다.

_빌 맥글러슨Bill Mcglashen

남편 돈과 함께 차를 타고 있었다. 운전은 그가 했는데 노란색 불이 되자 가속하지 않고 멈춰 섰다. 나는 한숨을 내쉬었다. 여러분은 내가 지은 한숨의 의미를 알 것이다. '너는 내 인내심을 시험하고 있지만 나는 말다툼하고 싶지 않다'는 뜻의 오래된 커플들이 짓는 한숨 말이다. 신호가 바뀌었고 남편은 내가 운전할 때보다 더 천천히 차를 출발시켰다. 나는 또 한숨을 쉬었다. 드디어 주차장에 차를 세웠다. "저기 자리 있다." 내가 처음 눈에 띄는 자리를 가리키며 말했다. 그러나 그는 입구에서 더 가까운 곳을 찾아 운전해 들어갔다. 나는 또 한숨을 쉬었다.

원하는 것이 있다면 끝까지 버텨라

나중에 그날 차를 타고 가면서 내가 내쉬었던 한숨들과 그밖에 우리가 함께 살아온 시간 동안 지었던 수천 번의 한숨들에 대해 생각했다. 사랑하는 사람에게 짜증을 내는 것은 전혀 즐거운 일이 아니다. 그런데 나는 대체 왜 남편에게 이렇게 자주 짜증이 나는 걸까? 그때 갑자기 어떤 생각이 떠올랐다. 내가 남편에게 자주 짜증이 나는 이유는 어떤 일을 하는 데 옳은 방식이 있다고 믿기 때문이었다. 바로 내 방식 말이다.

내 안에는 나와 가장 가까운 사람들을 판단하는데 시간을 쏟는 '모든 것을 다 아는 여자'가 있다. 도덕이나 윤리처럼 판단할 가치가 있는 것들을 말하고 있는 것이 아니다. 나는 충분히 지나갈 수 있다고 판단했는데 노란색 신호에 차를 멈췄다고 그 사람을 부정적으로 판단하는 것에 대해 이야기하고 있는 것이다! 나의 다정한 마음은 이렇게 말한다. "오 제발! 이 남자를 좀 내버려 둬." 하지만 배우자에 관한 한 '모든 것을 다 아는 여자'가 나를 전적으로 지배하고 이 여자는 인내심이 상당히 부족하다. 자기 방식대로, 자기 시간표에 맞게 일을 처리해야 하고 그렇지 않으면 짜증이 난다.

'모든 것을 다 아는 여자'는 친구가 아주 많은 것 같다. 우리의 편협함과 분노는 내 길이 옳고 내 장단에 맞추지 않는 나머지 세상은 틀렸다고 믿는 데에서 비롯된다.

최근 처음 들어보는 인내의 동의어를 발견했다. '상냥한 합리성sweet reasonableness'. 정말 마음에 드는 말이다! 합리적인 사람은 목적지에 닿는 길이 여럿이라는 사실을 안다. 다행히도 사람들은 모두 나와 다르고 그래서 당연히 어떤 일을 하는 방식도 다 다르다. 다른 것이지 더 좋거나 더 나쁜 것이 아니다. 나와 다른 사람들을 판단하는데 시간을 덜 소비할수록 우리는 더 행복해질 것이다. 게다가 다른 사람들에게 그들만의 방식과 리듬으로 일할 수 있다는 신뢰를 주면 자율권이 생긴다. 우리는 당신이 유능하다는 것을 알고 있고 당신의 능력을 인정한다는 신호를 보내는 것이다.

그러나 상대를 판단하는 내 안의 나는 매우 강하다. 나는 아주 오랫동안 그녀에게 먹이를 제공해왔다. 그래서 비슷한 문제로 고민하는 친구와 모임을 만들어서 해결하기로 했다. 모임의 이름은 '모든 것을 다 아는 모임'이다. 우리는 배우자에게 오만해질 때 서로에게 이야기하고 상대가 상냥한 이유를 볼 수 있게 도와준다.

평화의 순례자로 알려진 한 여성의 현명한 조언에서도 영감을 받았다. 그녀는 이렇게 썼다. "다른 사람을 판단하는 것은 당신에게 아무 도움도 되지 않습니다. 오히려 영혼에 상처만 남기지요. 다른 사람을 감화시켜 스스로 판단하게 할 때만 뭔가 가치 있는 것을 이룰 수 있습니다."

내가 찾은 가장 좋은 방법은 타인을 판단하고 싶은 순간 나 자신에게 '누가 나를 신으로 임명했나?'고 묻는 것이다. 이 질문은 나도 틀릴 수 있다는 사실을 다시 떠올리게 하고 그럼으로써 진정으로 사랑하는 관계, 마음을 주고받는 관계로 배우자와 더 우아하게 춤출 수 있게 되었다.

인내심을 얻게 하는 스승

인내심을 연습하려면 당신을 도와줄 진짜 악동이 필요하다.

예의 바르고 착한 사람에게 인내심을 연습하는 것은 아무 소용이 없다.

이들에게는 인내심을 발휘할 필요가 없기 때문이다.

_기원전 300년경에 쓰인 자타카 이야기,《인내심의 마법The Magic of Patience》에서

내 친구 케이트에게는 골칫거리 언니가 있다. 두 자매는 언니 루스가 태어나고 9년 후 케이트가 태어난 그날부터 단 한 번도 어울린 적이 없었다. 케이트는 나와 서로의 자매에 대해 대화하던 중 놀라운 이야기를 했다.

"언니는 나를 굉장히 질투했는데 내가 언니의 외동딸 지위를 훔쳐갔다고 생각했거든. 50년이 지난 지금도 여전히 갈등이 있다니까. 언니랑 관계가 나쁘다고 투덜대고 불평할 수도 있었지만 결국 언니가 내 최고의 스승이었기 때문에 고맙게 생각하기

　　　　　원하는 것이 있다면 끝까지 버텨라

로 했어. 내게 인내심이 있다면 그건 다 언니를 상대하면서 얻은 것이야. 나는 언니와 가능한 좋은 관계를 갖고 싶었거든. 그래서 언니의 냉담함을 참는 법, 보답을 기대하지 않고 베푸는 법을 배울 수 있었지."

정말 놀라운 태도였다. 인내심을 가르쳐 준다는 이유로 그 누구보다도 나를 힘들게 한 사람을 인생에 받아들일 수 있다니 말이다.

최근 한 고객에게 인내심에 대한 책을 쓰고 있다고 말하면서 케이트의 이야기가 떠올랐다. 그 고객에게는 10대인 딸 티나가 있었다. 티나는 태어날 때부터 심각한 학습 문제를 겪어왔다. 고객은 이렇게 말했다. "있잖아요, 저는 항상 인내심을 갖게 해달라고 기도했습니다. 그런데 하느님이 제 기도에 응답하셨어요! 티나를 보내주신 거예요! 맙소사, 나는 인내심을 배울 수밖에 없었습니다."

케이트와 고객의 이야기는 나를 힘들게 하는 사람을 고생거리가 아닌 인내심을 가르쳐주는 스승이라고 생각하면 순식간에 인내심이 커진다는 깨달음을 주었다. 이를 악물고 참고 견딜 필요가 없다. 가치 있는 것을 배우고 있기 때문이다. 우리는 사랑하는 법, 마음을 여는 법, 이전의 한계를 뛰어넘어 성장하는 법을 배우고 있는 것이다. 이렇게 생각하면 어려운 인생을 더 쉽게 헤쳐 나갈 수 있다. 난관이 닥쳐오면 저항하는 대신 그것을 더 현명하고 친절한 사람이 되기 위한 자양분으로 삼아라.

티벳의 가르침에 이런 이야기가 있다. 한 승려가 높은 산속 동굴에서 혼자 명상을 하고 있었다. 어느 날 한 목동이 오더니 호기심에 가득 차서 승려에게 물었다. "여기에서 혼자 뭘 하고 계십니까?" "인내심을 수행하고 있소." 승려가 대답했다. 목동은 돌아서서 동굴을 나가며 소리쳤다. "그냥 지옥에나 가시오." 그러자 승려는 "오 그래, 너나 지옥에 가라!" 하고 소리 질렀다. 목동은 산을 내려가는 내내 웃었다.

이 이야기가 보여주는 것처럼 필요할 때 사용하지 못하면 인내심을 기르는 것은 아무런 의미가 없다. 목동은 승려에게 그가 인내심을 단지 머리로만 이해하고 있음을 깨닫게 한 훌륭한 스승이었다. 승려가 목동을 인내심을 얻게 하는 스승이라는 관점으로 볼 수 있었다면 마침내 진리를 깨달았을지도 모른다.

우리를 힘들게 하는 사람과 상황에 마음을 열면 정신적, 감정적으로 유연해져 삶이 우리에게 어떤 커브를 던져도 쉽게 넘어지지 않는다. 우리를 곤란하게 하는 사람들과 사건들은 참고 견뎌야 할 위협적인 장애물 코스가 아니라 더 큰 성장을 위한 흥미로운 기회가 된다. 이제는 어떤 일이 일어나든 삶을 더 즐길 수 있다.

인내심의 한계는 어디까지인가

얘야, 사람은 모두 다르단다. 아주 많이 다르지.

어떤 사람은 다른 사람들은 견딜 수 없는 것들을 견딜 수 있단다.

그들이 얼마나 참을 수 있는지 알 수 있는 방법은 없어.

_앤 패트리Ann Petry

몇 년 전 운영하던 출판사를 매각하기로 결정했을 때 나는 인내
심과 관련된 가장 극적인 경험을 했다. 우리 출판사에 큰 흥미
를 보이는 잠재적 구매자가 나타났다. 만약 그가 출판사를 인수
한다면 나는 여생을 편안히 보낼 수 있을 것이었다. 그러나 그가
인수하지 않는다면 출판사는 파산을 선언해야 할 수도 있었다.

그는 정말 천천히 행동했다. 그러나 진전은 있었다. 나는 종종
전화를 걸어 일의 진행 속도를 높일 수 없는지 확인했지만, 그
는 최대한 빨리 진행하고 있다고 장담했다. 그 시점에서 다른 매

수자는 없었다. 우리가 이 사람의 조건부 제안을 받아들였을 때 다른 사람들은 모두 사라져버렸다. 고통스러운 9개월 동안 내가 할 수 있는 일은 그가 검토 과정을 마치고 마음을 정할 때까지 기다리는 것이 전부였다.

종종 한밤중에 일어나 생각했다. 나는 파산할 수도 있고, 다시는 돈 걱정 안 하고 살 수도 있다고. 잠재적 재난과 엄청난 이득 사이에서 기다리는 것이 최선의 선택인 것 같았다.

인내심에 관해 내가 걱정하는 한 가지 문제는 인내심을 조절하는 버튼이 고장나버린 상황이었다. 다른 사람들은 몇 초도 참지 못하는 어떤 일을 나는 몇 년이고 기다릴 수도 있는 것이다. 인내가 적절한지 판단하는 기준도 무엇인지 확신할 수 없었다. 하지만 한 가지는 분명했다. '충분하다. 더 이상 기다리지 않겠어'라고 말해야 하는 상황이 많다는 것 말이다. 예를 들어, "나는 더 이상 네가 술을 끊기를 기다리지 않겠어. 네가 죽는 걸 보느니 널 떠나겠어"라고 말해야 하는 상황이나 "나는 그 사람의 신체적, 언어적 학대를 1분도 더 참지 않을 거예요"라든가, "몇 달째 회의를 하고 있지만 진전이 없습니다. 이제 이 아이디어는 접어야 할 때인 것 같아요"라고 말해야 하는 상황들이 그렇다.

하지만 앞서 인용한 앤 패트리의 말처럼 나는 당신이 아니기 때문에 당신이 참을 수 있는 한계가 어디까지인지 알지 못한다.

원하는 것이 있다면 끝까지 버텨라

심지어 내 인내심의 한계가 절대적으로 어디까지인지도 모른다. 인내심의 한계란 상황에 따라 달라지기 때문이다. 다만 인내심을 멈춰야 하는 때를 아는 것이 인내심의 실천에 중요하다는 사실은 알고 있다. 그리고 그 순간은 자기 자신만 알 수 있다.

가끔 나는 미리 마음속에 데드라인을 정해놓기도 한다. '6개월만 해보고 다시 생각해보자.' 이런 식이다. 내 동료 중에는 회의를 세 번을 했는데도 진전이 없으면 그만둔다는 '3번 회의'의 원칙을 가지고 있는 사람도 있다. 어떨 때는 괴로움을 지표로 사용하기도 한다. 화가 나기 시작하면 '이제 그만'을 외칠 때인 것이다.

하지만 상상했던 것 이상으로 인내심을 요구하는 상황은 너무 많다. 그래서 그만둘 적절한 때를 찾는 것은 매우 까다로운 영역이다. 우리는 지금도 딱 하루만 더, 딱 한 주만 더, 딱 한 번만 더 해보라는 요구를 받고 있을지도 모른다. (이 책과 같은!) 수많은 책이 합리적인 수준을 넘어 계속 버티다 결국 성공한 사람들의 이야기로 가득 차 있지 않은가.

이런 이유로 마음의 조용한 조언에 따라 스스로를 판단할 수 있는 것은 오로지 나 자신뿐이다. 또한 우리는 나의 객관적인 한계도 알아야 한다.

최근 이런 생각을 편안하게 담아낸 농담을 하나 읽었다. 한 노부부가 이혼 소송을 제기했다. 판사는 노부부에게 이렇게 물었다. "결혼한 지 65년이 되었는데 그만두시겠다는 말씀이신가요?" 그러자 아내 쪽이 판사를 쳐다보며 대답했다. "판사님, 이만하면 충분합니다."

나의 극단적인 기다림은 어떻게 끝났냐고? 그때 그 잠재적 매수자는 출판사를 매수하지 않았다. 결국 다른 사람이 샀고 나는 파산도 하지 않았지만 부자가 되지도 않았다. 그러나 나는 인내심에 대해 많은 것을 배웠다. 그리고 이제는 필요하다면 인내심의 플러그를 더 잘 뽑을 수 있을 것 같다.

원하는 것이 있다면 끝까지 버텨라

지금 이 순간에 집중하라

모든 순간이 시작이다.

모든 순간이 끝이다.

_마크 살즈만Mark Salzman

에크하르트 톨레Eckhart Tolle는 극심한 불안과 우울 속에서 젊은 시절을 보내며 종종 자살을 생각하곤 했다. 그러다가 스물아홉 번째 생일에 자연스러운 깨우침을 경험했고 이 일로 지금까지도 깊은 '평화의 저류'를 갖게 되었다. 그가 경험한 것은 '현재의 힘'이었다.

톨레는 자신의 베스트셀러 《지금 이 순간을 살아라The Power of Now》에서 "지금 이 순간이 내가 가진 전부임을 깊이 깨달으라"고 말한다. 우리가 어떤 고통이나 갈등을 느끼든 그것은 "늘 무엇 그 자체에 대한 어떤 형태의 부인, 저항이다… 우리는 가진 것은 원하지 않고 가지지 못한 것을 원한다." 현재를 있는 그대로 받아들이면 아무 문제가 없다. "오직 지금 처리해야 할 상황만 존재할 뿐이다. 아니면 변할 때까지 혹은 해결할 수 있게 될 때까지 그냥 놔두고 현재의 '존재isness'로 받아들여야 할 상황만 있을 뿐이다."

톨레의 말은 인내심을 찾는 사람들에게 깊은 의미를 가진다. 인내심을 잃었던 최근의 상황을 떠올려봐라. 어떤 특정한 일이 또 일어났기 때문에 인내심을 잃었는가? 이를테면 그가 또 당신이 말하는 중간에 방을 나갔는가? 그녀가 또 공과금 내는 것을 잊었는가? 당신이 또 어질러진 것을 치워야 하는가?

미래에 대한 두려움 때문에 인내심을 잃었을 수도 있다. 프로젝트를 제 시간 안에 끝내지 못 할까 봐? 꿈이 영영 실현되지 못 할까 봐? 어느 쪽이든 인내심을 잃게 된 것은 현재에서 벗어나 과거에 대해 조바심을 내거나 미래에 대한 걱정을 하게 됐기 때문이었다.

그래서 인내심을 갖기 위해 지녀야 할 가장 좋은 태도 중 하나는 현재 순간을 자각하는 것이다. 지금 이 순간 바로 이곳에 집중하는 것이다. 이 순간은 이전에 결코 일어난 적이 없으며 앞으로도 다시 오지 않는다. 인내심이 바닥나는 때는 늘 과거 때문이거나('이 일은 전에도 너무 많이 일어났잖아'라는 생각) 미래 때문이다

　　　　　　　　원하는 것이 있다면 끝까지 버텨라

('내가 원하는 일이 언제 일어날까?'라는 생각). 현재를 자각한다는 것은 지금을 중시하는 것이다.

우리가 진정 지금 이 순간에 집중하고 있을 때는 걱정하지 않는다. 다가가려 애쓸 것도 없고 피할 것도 없다. 그냥 비 오는 일요일 머리 위로 비행기가 날아가는 소리를 들으며 줄지어 서 있는 자동차 안에 있을 뿐이다. 이메일을 읽으며 컴퓨터 앞에 앉아 있을 뿐이다. 저녁을 만들 뿐이다.

인내심은 지금 있는 그대로의 현재에 있으려는 의지이다. 언젠가는 상황이 바뀌기를 바라며 희망을 품고 기도하더라도 인내심 덕분에 우리는 지금 당장 최대한 행복하고 만족스럽게 살 수 있다.

인생이 잘 풀릴 때는 현재에 집중하기가 쉽다. 하지만 현재에 집중하는 것은 역경에서 살아남을 수 있는 비법이기도 하다. 용감한 개신교 신학자 디트리히 본회퍼Dietrich Bonhoeffer는 이것을 이해하고 있었다. 그는 나치에게 잡혀 있을 때 쓴《옥중 서신Letters and Papers from Prison》에서 "풋내기 청년과 비교했을 때 어른의 특징은 그 순간 어디에 있든지 중심을 찾는 것이다"라고 썼다.

지금 이 순간에 집중하는 방법은 사람마다 다르다. 올더스 헉슬리Aldous Huxley의 소설《섬Island》을 보면 "주의. 여기, 지금. 주의. 여기, 지금"이라고 외치도록 훈련받은 밝은 색 앵무새들은 끊임

없이 깍깍대며 섬사람들이 지금 이 순간의 중요성을 기억하게
돕는다.

말하는 앵무새 말고도 우리는 틱낫한 스님의 간단한 방법을
써볼 수도 있다. 숨을 들이마시면서 "나는 숨을 들이마시고 있
다", 숨을 내쉬면서 "나는 숨을 내쉬고 있다"고 말하는 것이다.
단 몇 초 만에 얼마나 차분해지고 인내심을 갖게 되는지 깜짝
놀랄 것이다. 이렇게 침착해진 상태에서 우리는 매 순간 인생을
펼쳐지는 그대로 더 잘 맞이할 수 있다.

THE POWER OF

PATIENCE

4장

인내심을 기르는
멘탈 연습

명예롭게 세상을 사는

가장 간단하고 확실한 방법은

보이는 모습대로 실제로도 사는 것이다.

인간의 모든 미덕은

연습과 경험으로 커지고 강화된다.

_소크라테스Socrates

인내를 추구하는 사람에게 궁극적인 과제는 자기 인식self-awareness

을 높이는 것이다. 뇌에 대한 새로운 연구에 따르면 자극과 반응

사이의 시간은 0.5초에 불과하다. 자기 인식은 이 시간을 0.5초

더 늘린다. 다시 말해서, 자기 인식은 자극과 행동 사이의 시간

을 두 배로 늘려준다.

　이 0.5초 동안 인내심은 실현 가능한 선택이 된다. 이 잠깐의

순간이 없다면 궁극적으로 가장 유익한 것이 무엇인지는 생각

하지 않은 채 원하는 것을 바로 지금 얻는 데만 신경 쓰는 뇌의

감정적인 부분이 우리 행동을 결정한다.

이 장에서 소개하는 연습은 자기 인식을 증진시키고 따라서 선택의 폭을 넓히는데 도움이 될 것이다. 처음에 인내를 연습하는 것은 급하게 반응하려는 습관적인 충동을 알아차리고 대신 인내를 선택하는 매우 의식적인 과정이다. 하지만 연습을 거듭할수록 자동적으로 인내심을 더 많이 발휘하게 될 것이다. 그리고 선택한다는 의식조차 하지 않고 선택하게 될 것이다.

나의 인내심은 어느 정도인가

우리가 일어나는 일에 저항하지 않을 때, 우리의 경험에 대해

스스로를 미워하지 않을 때 특별한 일은 일어난다.

우리 마음이 열려있으므로….

_샤론 샐즈버그Sharon Salzberg

몇 년 전 우연히 로버트 프리츠Robert Fritz가 쓴 《최소 저항의 법칙The Path of Least Resistance》을 읽었다. 사람과 조직이 어떻게 의식적으로 변화하는지 의식적 변화에 대해 다루고 있는 책이었다. 물리 법칙에 근거한 그의 생각은 매우 간단하다. 먼저 판단이나 비판을 가하지 않고 내가 원하는 상태와 이에 비교한 현재 상태를 제대로 파악해야 한다는 것이다. 즉, 인내심을 더욱 함양하려면 현재 나의 인내심이 어느 정도인가를 우선 물어야 한다.

프리츠는 단순히 '더 많이' 인내심을 가지고 싶다고 하는 것

원하는 것이 있다면 끝까지 버텨라

은 별 소용이 없다고 말한다. '더 많이'가 무엇인가? 이것을 어떻게 측정할 것인가? 현재 상태와 원하는 상태를 알기 위해서는 이를 계량화할 수 있는 방법이 필요하다. 인내심은 단순히 가지고 있다 아니다 할 수 있는 대상이 아니라, 어느 때 더 많이 혹은 더 적게 드러나는 특성이므로 −5에서 +5까지의 척도로 측정하는 것이 좋은 방법일 수 있다. −5는 인내심의 최저치이고 +5는 최대치이다.

각자의 삶을 생각해보자. 인내심이 −5일 때 어떤 행동이 나타나고 어떤 느낌이 드는가? +5일 때는 어떠한가? −5의 상태에서 나는 물건을 집어던지거나 다른 사람에게 정말 심한 말을 할 것이다. 통제할 수 없는 맹렬한 붉은 폭풍이 일어나는 느낌이다. +5의 상태에서는 완전한 평온을 느낄 것이다. 이 상태에서는 20분 안에 애나를 학교에 데려다주고 회의에 참석해야 하는데 아이가 자꾸 꾸물거려도 아이가 하는 말을 잘 받아줄 것이다.

자, 직접 만든 −5에서 +5까지의 측정값을 고려했을 때 당신이 되고 싶은 모습은 평균적으로 어디쯤인가? 그리고 지금은 대부분의 경우 어디쯤에 있는가? 나의 경우는 4.5쯤에 있고 싶지만 현실은 2쯤에 있는 것 같다.

현재 상태와 바라는 상태에 대해 나 자신에게 솔직해지면 둘 사이에 차이가 있음을 알게 된다. 프리츠는 이 차이를 긍정적인 것으로 본다. 그는 이 차이를 '창조적 긴장 상태creative tension'라고 부르는데, 둘의 차이 덕분에 현재 상태에서 바라는 상태로 에너지가 이동하고 뭔가 새로운 것이 탄생하기 때문이다. 프리츠에 따르면 새로운 것이 정확히 어떻게 생기는지는 걱정할 필요가 없다. 자책하지 말고 현재 상태에 대해 나에게 솔직해지되 목표를 앞에 두고 노력한 뒤 어떤 일이 일어나는지 봐라.

원하는 모습과 현재 모습을 수치로 기록해보고 이 장에서 소개하는 연습 중 마음이 끌리는 것을 시험해봐라. 그리고 한 달 뒤 다시 확인해보는 것이다(효과가 발휘되려면 한 달쯤 걸린다). 이제 당신이 원하는 모습과 현재 모습은 어디쯤에 있는가?

원하는 것이 있다면 끝까지 버텨라

아침 10분, 나에게 집중하기

하루의 시작이 다음 모든 일의 속도를 결정한다는 것을 깨닫는 데는
시간과 연습이 필요했다.

_트레이시 D. 사리우가르테Tracy D. Sarriugarte, 페기 로우 워드Peggy Rowe Ward

친구 중에 유치원 교사가 있다. 하루는 이 친구가 자신의 엄청난
육아 비법을 전수해줬다. "아침에 일어나면 제일 먼저 다른 것
은 아무것도 신경 쓰지 않고 아이와 20분을 함께 보내는 거야.
그러면 나머지 하루가 훨씬 순조롭게 풀리지. 학교 갈 준비를 할
때도 힘이 덜 들 거고, 아이를 학교에 내려줄 때도 덜 매달릴 거
야. 그리고 하루가 끝날 때까지 충돌 상황이 줄어들지." 나는 친
구의 조언을 받아들였고 그 효과는 놀라웠다. 조언의 효과에 대
해 말해 주니 친구는 얼마나 많은 부모들이 그 20분이 없다고
말하는지 알면 놀랄 거라면서 부모들은 하루 종일 아이들과 씨

름하면서 20분보다 훨씬 더 많은 시간을 쓴다고 말했다.

이 이야기는 우리가 돈뿐만 아니라 시간에 있어서도 얼마나 쉽게 소탐대실 하는지를 보여준다. 또한 아침 시간이 남은 하루에 어떤 영향을 미치는지도 보여준다. 내가 만난 사람들, 특히 여성들 중에는 아침에 일어나 단 10분이라도 나를 위한 시간을 가질 때 남은 하루를 훨씬 더 활기차게 보낼 수 있다고 말하는 이들이 많았다. 일어나자마자 소중한 몇 분을 할애해 자신에게 집중하면 자녀, 동료, 배우자가 조금 덜 비겁게 느껴진다.

이것은 인내심 부족이 어느 정도는 우리가 너무 많은 방향으로 끌려다니느라 나 자신에게 관심을 기울일 시간이 없다는 사실에서 비롯되기 때문이다. 스스로를 부당하게 대하고 있는데 다른 사람들에게 성마르게 구는 것이 그리 놀라운 일은 아니다!

바로 지금, 아침마다 나 자신에게 집중할 수 있는 시간을 언제 어디에서 찾을 수 있을지 생각해봐라. 나는 남편과 애나보다 일찍 일어나는 편이라 침대에 누워 나에게 아무런 요구가 없는 그 시간을 즐긴다. 그러나 당신은 사무실에 들어가기 전 주차장에서 10분의 시간을 보낼 수도 있고, 아이를 학교에 내려준 뒤 차 안에서 그 시간을 가질 수도 있다.

이 몇 분이 남은 하루를 위해 자신을 준비할 수 있는 기회이다. 기분이 어떤가? 어떤 생각을 하고 있나? 영혼이 무엇을 갈망하는가? 어디에서 도움이 필요하게 될까? 어떤 태도로 하루를 보내고 싶은가? 여유로움, 마음의 평화, 열린 마음?

그런 다음 저녁에 1분 동안 아침 집중하기가 효과가 있었는지 그날 하루를 머릿속으로 재검토해봐라. 더 활기 있고 유연해졌는가? 대체로 긍정적인 방법으로 하루를 보냈는가? 어떤 것이 효과가 있었고 어떤 것이 효과가 없었나? 배움은 사건이 끝나고 멈춰서 성찰할 때 일어나므로 저녁에 1분을 할애해 아침 집중하기가 유용한지 아닌지 파악해라.

일주일 정도 해보고 아침 집중하기를 꾸준히 하고 싶은지 결정해라. 인내의 호수는 자신의 필요에 관심을 가짐으로써 다시 채워진다.

나는 언제 인내심을 발휘하는가

인내심을 배우려면 먼저 엄청난 인내심을 가져야 한다.

_스태니슬로 J. 렉 Stanislaw J. Lec

애나를 중국에서 입양했을 때 아이는 한 살이었고 심각하게 방치된 상태였다. 뒤집기도 못 했고 몸무게는 6.3킬로그램에 불과했다. 오줌 위에 누워 있다가 궁둥이에는 2도 화상을 입었다. 13개월 동안 고통 속에 있어야 했던 이 아름다운 아이를 본 순간 나의 모든 모성 본능이 끓어오르기 시작했다. 마음이 섰다. 이 소중한 존재에게는 성장하기 위해 사랑과 관심이 필요했다.

그 순간부터 나는 필요한 모든 인내심을 가졌다. 나는 아이의 정상적인 발달 상태를 보여주는 소아과 진료실의 발달상태표를 보지 않았다. 아이의 키와 몸무게를 동년배 아이들과 비교하지도 않았다. 세 살에 말을 더듬기 시작했을 때는 그 문제에 예민

원하는 것이 있다면 끝까지 버텨라

하게 반응하지 않고 아이에게 스스로 해결할 시간을 줬다.

남편과 나는 아이를 안고 네 살 때까지 함께 잤고 유치원에 갔을 때를 빼고는 사실상 깨어 있는 모든 시간을 함께 보냈다. 다섯 살 반이 된 지금 아이는 밝고, 예쁘고, 똘똘하게 말도 잘하는 훌라후프 챔피언이 되었고 유치원에서 상급반에 들어갈 예정이다.

애나는 사랑이 모든 것을 극복할 수 있다는 증거이기도 하지만 나의 인내심이 어떤 곳에서 쉽게 발휘되는지를 보여주는 단서이기도 하다. 나는 사람에 대해 엄청난 인내심을 발휘한다. 가끔 좌절하거나 짜증이 나거나 심지어 화가 날 때도 있지만 결국 나의 인내심은 돌아온다. 나는 내 영역에 들어온 살아있는 존재를 그냥 포기해버리지 못한다.

당신에게도 엄청난 인내심을 발휘할 수 있는 대상이 있을 것이다. 그리고 무엇이 인내심을 높이는지 더 많이 알게 될수록 어떤 상황에서도 더 많은 인내심을 가질 수 있을 것이다. 이렇게 시작해보자. 몇 분 동안 인내심이 자연스럽게 발휘되는 때를 적는다. 사람에 대해 인내심이 발휘되는가? 어른과 아이를 모두 참을 수 있는가, 아니면 어느 한 쪽이 더 참기 쉬운가? 동물에게 인내심이 발휘되는가? 아니면 우리 딸처럼 손으로 무엇을 만들 때 인내심이 생기는가? 무슨 일이 있어도 목표를 달성할 때까지 버티는가? 당신의 인내심은 어디에서 어떻게 발현되는가?

이제 적어놓은 것을 보고 나만의 성공 패턴을 알아내자. 인내심을 발휘하기 쉬울 때는 무엇 때문에 그랬는지 생각해봐라. 아마 의식적으로 인지하지 못했겠지만 인내심을 촉발시키는 무엇인가가 있을 것이다. 그것은 어떤 감정일 수도 있고, 머릿속에 떠오르는 그림일 수도, 스스로 되뇌는 어떤 말일 수도 있다. 분명 그 상황을 버티게 하는 무언가가 있을 것이다.

내 고객인 밥이 이것을 연습했을 때 그는 직장에서 발생하는 모든 종류의 시스템 고장에 대해 매우 큰 인내심을 발휘한다는 것을 알아냈다. 예전에 성공했던 자신의 모습을 머릿속에 그리고 현재 상황에 대해서도 자신감을 얻었기 때문이다. 나의 경우는 살아있는 다른 존재의 성장을 촉진하고 싶은 깊은 욕구를 느낄 때면 인내심을 발휘했다. 그런 감정을 느낄 때 내 인내심은 사실상 무한하다.

일단 성공의 패턴을 발견하면 일반적으로 인내심을 시험하는 상황에서도 인내심을 발휘할 수 있다. 예를 들어, 이제 나는 기다릴 때 그 경험을 나 자신의 성장을 촉진하는 기회로 보고 인내심을 더 잘 발휘한다. 밥은 자녀들을 대할 때 종종 인내심을 잃었는데 이제는 피가 끓기 시작하면 행복한 결과를 마음속에 떠올리기 시작했다. 그 결과 밥은 집에서 인내심을 잘 잃지 않게

원하는 것이 있다면 끝까지 버텨라

됐다.

당신에게는 인내심이 있다. 인내심이 어디에서 어떻게 발휘되는지 살펴봄으로써 그것이 가장 필요할 때 불러오는 방법을 배울 수 있다.

무엇이 조급증을 촉발시키는가

인내심은 이성적인 분석 과정을 통해 길러집니다.

화를 내면서가 아니라 차분하게

인내의 훈련을 시작하는 것이 중요하지요.

_달라이 라마Dalai Lama

아버지는 온화한 분이셨다. 대체로 그러셨다. 그리고 나는 아버지를 기쁘게 해드리고 싶은 착한 딸이었다. 대체로 그랬다는 말이다. 하지만 이따금씩 아버지는 나에 대한 인내심을 완전히 잃어버릴 때가 있었다. 그럴 때면 아버지는 이를 꽉 물고 턱은 내밀고서는 낮게 으르렁거리는 소리로 말씀하셨다. 내가 무슨 나쁜 짓을 했냐고? 욕실 밖에서 이를 닦았을 뿐이었다!

일전에 애나 친구 엄마 중 하나가 세 아이에게 인내심을 유지하는데 아침이 가장 힘든 시간이라고 말했던 것이 생각난다. 그

원하는 것이 있다면 끝까지 버텨라

녀는 이렇게 고백했다. "왜 그런지 모르겠어요. 모두를 제시간에 내보내야 한다는 압박감 때문인가 봐요. 하지만 거의 매일 아침마다 인내심을 잃는단 말이죠."

이 엄마의 말을 듣고 내가 가장 쉽게 인내심을 잃는 순간은 언제인지 생각해봤다. 즉각적으로 줄을 서서 기다릴 때가 떠올랐다. 그리고 기계 역시 인내심을 건드리는 또 다른 위험 영역이었다. '다섯 개 손가락이 모두 엄지all thumbs'(서툴고 어색하다, 손재주가 없다는 의미 - 옮긴이)라는 표현을 떠올린 사람은 이 말을 처음 만들 때 나를 염두에 뒀던 것 같다. 내게 손을 가지고 뭘 한다는 것은 말도 안 되게 힘든 일이다. 언제나 그랬다. 중학교 가정 수업 시간에 바느질을 배워야 했는데, 여동생은 내가 재봉틀을 꺼내는 것을 보면 집을 나가곤 했다.

지금도 손과 눈의 협응력이나 기계적 능력이 요구되는 상황에서는 '구제 불능인 여성'으로 살고 있다. 요리하는 것을 좋아하긴 하지만 요리를 할 때도 지나치게 복잡하게 재료를 말고 속을 채워야 하는 요리법은 모두 제외한다. 그렇지 않으면 결국 부엌 저쪽으로 닭 가슴살을 집어 던져버릴지도 모른다.

무엇이 당신의 조급증을 촉발하는가? 이것은 사람마다 다르다. 우리 엄마에게는 시각적으로 엉망진창인 상태가 조급증을 촉발하는 요인이다. 널브러져 있는 장난감 더미, 바닥에 떨어진

옷, 정리가 안 된 침대 이런 것들 말이다. 남편의 경우는 그가 내게 무슨 말을 하려고 할 때 애나가 방해하는 것이다. 내 친구 데브라는 자동 응답 시스템만 계속 반복되고 진짜 사람과 통화할 수 없을 때가 촉발 요인이다. 언제, 어디에서 인내심이 가장 부족해지는지 종이에 적어보거나 머릿속에 떠올려 봐라.

정확히 무엇 때문에 '인내심을 잃는지' 알게 되면 반응할 수 있는 선택의 폭이 넓어진다. 다만 스스로를 판단하지는 말아야 한다. 누군가가 천천히 말한다고 조급해하거나 자녀에게 딱딱거린 것에 대해 스스로를 나쁜 사람이라고 자책하면 우리는 변하지 못한다. 실제로 나를 자책하면 나쁜 행동이 더 견고해지는 부메랑 효과가 있다. 나쁜 행동을 한 뒤 그런 행동을 한 것에 대해 자책하고 그러면 나쁜 행동이 더 심해지는 것이다. 그러나 언제 인내심을 잃는지 파악하고 여기에 호기심을 더한다면 더 좋은 대안을 찾을 수 있다. 예를 들면, '아, 내가 정말 아침마다 미친 듯이 화를 내는구나. 정말 흥미롭네. 어떻게 해야 할까?'라고 생각하는 것이다.

작성한 목록을 살펴봐라. 가장 견디기 어려운 일을 피해 가기 위해 할 수 있는 일이 있는가? 피할 수 없는 일이라면 그것이 얼마나 힘든 일인지 스스로를 동정해 줄 수 있는가? 누군가 이렇게 말하는 것을 들은 적이 있다. "지금 가능한 한 최대로 잘 해

원하는 것이 있다면 끝까지 버텨라

내고 있어. 더 잘 할 수 있으면 더 잘 하겠지." 정말 사랑스러운 혼잣말 아닌가. 이 말을 한 사람은 스스로에게 진실을 말했고 더 나아지길 바란다고 인정했으며 이 모든 것을 자책하지 않고 해냈다!

　나의 경우는 남편이나 손재주 좋은 아이에게 염치없이 일을 떠넘기는 법을 배웠다. 혼자 기계적인 일을 다뤄야 할 때는 이런 종류의 일이 나에게는 어렵다는 사실을 떠올리고서 그 상황에 대해 조금 더 인내심을 얻는다. 참고로 35년 동안 재봉틀 근처에는 가지도 않았다.

조기 경보 신호를 파악하라

문제는 허름한 옷을 입은 기회일 뿐이디.

_헨리 J. 카이저Henry J. Kaiser

신시아와 통화 중이었다. 신시아는 아무렇지도 않은 것처럼 보이다가 정말 갑자기 인내심을 잃는다고 말했다. "괜찮다가 다음 순간 갑자기 마귀할멈이 되는 거야. 곧 폭발할 거라는 경고 신호가 전혀 없는 거지." 그녀는 한탄했다.

인내심이 부족해지는 순간은 평화롭고 화창한 여름날 갑자기 돌풍이 몰아치는 것처럼 느껴질 때가 많다. 일단 인내심을 잃어버리면 가능한 한 피해를 적게 입히려고 노력하고, 사태가 벌어진 후 나를 비롯한 주변 사람들에게 최대한 친절해지는 것 말고는 할 일이 별로 없다(사과도 효과적인 방법이다).

하지만 우리가 알아차리지 못하는 것일 뿐 곧 폭발할 거라는

원하는 것이 있다면 끝까지 버텨라

신호는 있다. 스포츠 심리학자 게리 맥은 자동차의 빨간 경고등처럼 우리에게도 조기 경보 신호가 있다고 말한다. 느닷없이 인내심을 잃고 폭발하는 것처럼 느껴지겠지만 실제로는 갑자기가 아니다. 우리는 인내심을 잃게 될 거라고 스스로에게 알려주는 어떤 행동을 한다.

누군가에게는 '더 이상 못 참겠다'고 혼잣말을 내뱉는 것이 경보 신호일 수 있다. 또 어떤 사람에게는 몸을 다치는 무서운 생각이 떠오르는 것이 경보 신호일 수도 있다. 숨을 참는 느낌이 들거나 심장이 뛰는 느낌이 드는 것일 수도 있다.

첫 번째 단계는 자신의 경보 신호가 무엇인지 파악하는 것이다. 나의 경우 경보 신호는 '더 이상 못 참겠어' 같은 말이 떠오르는 것이다. 당신의 신호는 완전히 다를지도 모른다. 경보 신호를 탐색할 때는 스스로의 내면으로 살살 다가가라. 일반적인 의식 수준 아래에서 작동하는 어떤 것을 인식해야 한다. 경보 신호를 탐색하는 가장 좋은 방법은 인내심을 잃어버린 후 인내심을 잃기 직전 마음속에서 어떤 일이 일어났는지 사후 추적하는 것이다.

조기 경보 신호를 찾으면 두 번째 단계로 가라. 다른 행동을 해보는 것이다. 자리에서 일어서거나 낙서를 시작해라. 속으로 바보 같은 노래를 불러도 괜찮다. 인내심에서 인내심 부족 상태로 바뀌는 과정을 중단시키면 침착함을 유지할 수 있는 가능성이 높아진다.

신시아도 이 방법을 시도해봤다. 처음에는 조기 경보 신호를 발견하지 못했다. 하지만 몇 번 더 세심한 주의를 기울이니 폭발하기 직전 마음속으로 혼자 무서운 영화를 한 편 찍는다는 것을 깨달았다. 그래서 머릿속에 영화가 시작되면 '당신은 나의 햇살You Are My Sunshine'을 부르기 시작했다. 효과가 있었다!

나의 조기 경보 신호를 찾아 다음에 '경고등'이 켜지면 다른 행동을 해봐라. 그러면 돌풍이 불듯 인내심을 잃어 폭발하는 일은 없을 것이다. 돌풍은 나를 휩쓸지 않고 바다로 지나가 버릴 것이다.

3초 호흡으로 숨을 돌려라

통제할 수 없는 일은 포기하고 바로 눈앞에 있는 문제에

다시 집중하는데 깊고 느리게 호흡하는 것보다

더 효과적인 방법은 없다.

_오프라 윈프리Oprah Winfrey

게리 맥은 프로 운동선수들이 경기력을 극대화할 수 있게 돕는 일을 한다. 그는 자신의 저서 《마인드 스포츠Mind Gym》에서 오프라 윈프리의 말처럼 정신을 집중시키고 마음을 진정시키는 의식적인 호흡의 효과를 소개한다. 의식적인 호흡의 효과를 느끼기 위해 맥은 운동선수들에게 우선 '숨 가쁨 연습breathless exercise'이라는 것을 시킨다.

"먼저 선수들에게 이것은 시합이라고 말해줍니다. 선수 한 명 한 명을 지켜보고 얼마나 잘 해내는지 주의 깊게 판단하겠다고요. 그런 다음 구령을 외치기 시작합니다. '왼쪽 봐… 오른쪽 봐… 왼쪽… 오른쪽…오른쪽… 오른쪽…' 이것을 계속하면 선수들의 불안이 높아집니다. 호흡 패턴이 변하죠. 의식하지 못한 채 많은 사람들이 숨을 참습니다." 그런 다음 맥은 선수들에게 스트레스 속에서 의식적으로 호흡하는 법을 가르친다.

당신은 어떤지 모르겠지만 내 인생은 많은 부분이 게리 맥의 숨 가쁨 연습과 비슷하다. 여기를 봐라. 아니 여기. 아니 저기. 끊임없이 주의를 기울이고 계속 따라가기 위해 노력해왔다. 숨을 몇 번 들이마시고 내쉬는 것처럼 쉬운 일이 인내심을 증진시키고 마음의 평화를 가져올 수 있을까? 내가 찾은 대답은 '가능하다'이다. 몇 번의 호흡, 아니 우리는 늘 숨을 쉬고 있으므로 보다 정확하게는 몇 번의 의식적인 호흡으로 우리는 충동적으로 반응하지 않고 그 상황에서 정말 중요한 것이 무엇인지를 떠올릴 수 있는 찰나의 순간을 갖는다.

의식적으로 숨을 쉬면 내 몸에 주의를 집중해 내부적으로 무슨 일이 일어나고 있는지 알아챌 수 있다. 인내와 성급함은 마음속의 생각일 뿐만 아니라 몸의 감각이기도 하다. 이런 감각에 대한 표현 방법은 사람마다 다르다. 나의 경우 인내는 침착하고 안정적인 느낌, 단단하게 뿌리를 내린 광범위한 행복감이다. 반면 성급함은 초조하고, 혼란스럽고, 균형을 잃은 느낌이다.

원하는 것이 있다면 끝까지 버텨라

몸에서 성급함의 감각이 느껴진다면 호흡을 조절해 천천히 숨을 들이쉬고 내쉬어 인내심이 돌아오게 할 수 있다. 이것은 신경계에 이완 반응을 시작하도록 신호를 보낸다. 불과 1분 만에 어깨가 이완되고 근육이 풀리며 혈압이 떨어지고 심장 박동이 느려진다. 신체적으로 더 차분해진 상태에서는 우리의 모든 감정적, 정신적 자원을 활용할 수 있기 때문에 스트레스 상황에 더 효과적으로 반응할 수 있다.

호흡을 진정시키는 방법은 여러 가지가 있다. 하버드 의대가 발표한 스트레스 감소에 관한 보고서에는 1분 안에 할 수 있는 간단한 방법이 소개되어 있다. 이 방법은 호흡과 마찬가지로 진정작용을 한다고 알려진 촉감을 함께 사용해 특히 효과적이다.

한 손을 배꼽 바로 밑에 댄다. 배가 부풀어 오르는 것을 느끼면서 숨을 들이마신다. 3초 동안 숨을 참았다가 배가 들어가는 것을 느끼며 숨을 내쉰다. 다시 3초를 기다린다. 마음이 진정될 때까지 반복한다.

이 기술은 마감이 얼마 남지 않았는데 컴퓨터가 갑자기 나가버렸을 때, 아이들이 나의 마지막 남은 인내심을 건드릴 때, 약속 장소에 늦을 것 같아 걱정될 때 등 언제 어디서나 사용할 수 있다. 가족과 친구들에게도 인내심이 약해질 때 이 방법을 써보라고 권해봐라.

당신이 이 인내의 비법을 시도해 볼 만큼 나의 격려가 충분했길 바란다. 이것은 우리 인간이 빠르게 마음을 가다듬을 수 있는 가장 좋은 방법이다. 틱낫한 스님은 이렇게 말씀하셨다.

"나 자신과 내 주변의 모든 것과 다시 연결되는 데는 의식적인 호흡 한 번이면 충분합니다. 의식적인 호흡 세 번이면 이 연결을 유지할 수 있습니다."

아무리 바빠도 이렇게 숨 쉴 시간은 있다!

원하는 것이 있다면 끝까지 버텨라

중심을 잡아라

사람들이 북적대는 난민 보트가 폭풍이나 해적을 만났을 때

배에 탄 모든 사람이 당황한다면 전부 목숨을 잃을지도 모릅니다.

하지만 단 한 명이라도 침착하게 중심을 잡는 사람이 있다면 충분합니다.

모두가 살 수 있는 길을 그가 찾을 것입니다.

_틱낫한

틱낫한 스님은 베트남 사람이다. 젊은 시절 그가 사랑한 고국의 많은 사람들, 가족들, 동료 승려들, 그가 세운 고아원의 아이들은 모두 전쟁에서 죽었다. 그러나 틱낫한 스님은 가장 평화롭고 행복한 사람 중 한 명이었다. 스님의 말씀에 따르면 이것은 삶이 가장 힘겹게 보일 때조차도 모든 순간 평화를 찾을 수 있기 때문이라고 한다.

평화를 찾는 가장 좋은 방법 중 하나는 우리 머리에서 벗어나

몸에 집중하는 것이다. 틱낫한 스님은 이것을 세찬 폭풍우 속에
서 있는 나무에 비유한다. 거센 바람이 부는데 나무 꼭대기에 있
으면 거칠게 땅으로 내동댕이쳐질 것이다. 하지만 튼튼한 나무
기둥으로 내려오면 거의 아무런 움직임도 느낄 수 없을 것이다.

그렇다면 어떻게 나무 기둥으로 내려올 수 있을까? 한 가지
방법은 중심을 잡는 것이다. 의식적인 호흡하기처럼 중심잡기
는 몸과 마음이 조화를 이루면서 현재 순간에 완전히 몰입하는
물리적인 방법이다. 단단하고 평온한 상태에서는 외부에서 어떤
일이 일어나도 훨씬 더 침착하게 대처할 수 있다. 설사 해적이
보트에 올라타는 중이라도 말이다.

중심잡기는 합기도의 기본적인 훈련으로 나는 인내심을 기르
는 법을 배우면서 이 기술을 가장 유용하게 사용했다. 굉장히 극
적인 예를 하나 들어보겠다. 애나는 우리 집에 온 첫날부터 매일
밤마다 소리를 지르며 잠에서 깼다. 거의 4년 동안 밤마다 한 번,
두 번, 다섯 번씩 깨어나 한 번 깨어나면 15분씩 히스테릭하게
울면서 발길질을 해댔다. 진짜로 잠에서 깨어난 것은 아니었다.
전문가들은 이런 증상을 야경증이라고 부른다.

나는 애나가 젖먹이 때 버림받은 기억 때문에 수면 각성장애
인 야경증이 나타났다고 생각한다. 아이가 다시 깊은 잠에 빠질
때까지 아이를 안고 너는 지금 안전하다고 말해주는 것 외에 우

리 부부가 할 수 있는 일이 없었다. 아이가 자라면서 몸부림이 거세지자 더 이상 안아주는 것이 불가능해졌다. 남편과 내가 할 수 있는 일은 애나 옆에 앉아서 너는 안전하고 다시는 버림받지 않을 거라고 말해주는 것밖에 없었다.

부모라면, 그리고 동정심이 있는 사람이라면 누구나 알겠지만 분명히 고통 받고 있는 사람을 보면서 아무것도 하지 않기란 매우 어렵다. 처음에는 옆에 그냥 앉아 있자니 마음이 어수선했다. 그러다 어느 날 중심잡기를 떠올렸다.

이것은 놀라울 정도로 효과가 있었다. 애나가 자다가 더 이상 깨어나지 않을 때까지 달마다 밤마다 인내심을 잃지 않고 아이가 진정되는 동안 아이와 그 순간에 완전히 함께 할 수 있었다.

중심잡기는 다른 상황에서도 효과가 있었다. 애나는 미운 세 살이 됐을 때 성질이 나면 바닥에 드러누웠다. 그때도 나는 이 방법을 사용했다. 중심을 잡고 침착하게 "네가 정말 기분이 나쁘구나. 그렇게 화가 나다니 안타깝다"라고 말해줬다. 나를 자기 뜻대로 움직이려는 아이의 시도에 휘말리지 않고 평온하게 있었기 때문에 아이는 곧 짜증을 멈췄다.

이제는 누군가가 좌절, 분노, 두려움 같은 강한 에너지를 가지고 나에게 다가오면 중심잡기를 한다. 자동적이다. 중심을 잡고 있는 나를 느끼며 그 상태에서 나와 상대방에게 더 건강한 방식으로 반응할 수 있다.

그렇다면 중심잡기는 어떻게 하는 것인가? 복부에 정신을 집중시키고 발바닥을 포함한 몸에서 한 뼘 정도 떨어진 거리에서 에너지가 온몸을 둘러싸고 있다고 상상한다. 나에게 정말 중요한 것을 떠올리며 중심을 잡는 사람도 있고, 골프 자세를 상상하면서 중심을 잡는 사람도 있다. 여자들은 자신의 자궁을 생각하기도 한다. 복부에 중심을 느낄 수 있게 하는 것은 무엇이든 괜찮다.

연습을 위해 앞서 언급한 방법들 중 하나를 시도해봐라. 그런 다음 준비가 되면 다른 사람에게 어깨를 부드럽게 밀어 넘어뜨려달라고 부탁해라. 중심이 안 잡힌 경우 살짝만 밀어도 몸이 움직일 것이다. 중심을 잘 잡았다면 거의 움직이지 않을 것이다.

중심은 딱 한 번만 찾으면 되는 것이 아니다. 몇 번이고 다시 찾고 또 잃을 것이다. 하지만 연습을 반복할수록 더 쉽게 찾게 될 것이고, 필요할 때 더 본능적으로 찾게 될 것이다. 중심잡기가 필요하지 않은 상황에서 넘어뜨리려는 의지는 있지만 너무 공격적이지는 않은 파트너와 함께 연습해라. 이 연습은 바닥에 착지하는 법을 익히기 위해서가 아니라 중심 잡는 느낌을 알기 위해 하는 것이다.

제대로 느껴질 때까지(스스로 알 것이다) 십여 번 정도 연습한 후

원하는 것이 있다면 끝까지 버텨라

분노로 열이 오르기 시작하는 것 같을 때 시험해 봐라. 중심을 잡았을 때 인내심이 많아지고 더 잘 발휘할 수 있는가? 중심을 잡고 인내하는데 무엇이 도움이 되는가? 인내심이 약해지기 시작할 때 무엇이 중심잡기를 떠올리게 했는가?

존재라는 나무의 밑동에 단단히 자리를 잡으면 다른 사람들이 몰고 오는 거친 폭풍에 훨씬 더 잘 대처할 수 있다.

도로 위의 현자가 되라

화를 내는 데 느린 자는 힘이 센 자보다 낫다.

자신의 영혼을 다스리는 자는 도시를 정복하는 자보다 낫다.

_잠언 16장 32절

실비아 부어스타인은 그녀의 오디오북 《로드 세이지Road Sage》에서 자신이 만났던 리무진 운전기사의 이야기를 소개한다. 한번은 부어스타인이 리무진을 타고 TV 생방송에 출연하러 가는 길이었는데 도로가 꽉 막혀 있었다. 방송국 소속으로 일하고 있었던 리무진 기사는 부어스타인을 제시간에 데려다주는 것이 얼마나 중요한지 알고 있었다. 헌데 그는 차가 거의 움직이지 않는 상황이었는데도 결코 침착함을 잃지 않았다. 게다가 목적지에도 제시간에 도착했다. 부어스타인은 리무진 기사에게 매일같이 이렇게 초조한 상황에 놓이는데도 평온할 수 있는 비결이 무엇인

원하는 것이 있다면 끝까지 버텨라

지 물었다. 그는 이렇게 설명했다. "제가 제 마음을 초조한 상태로 내버려둔다면 골칫거리가 될 수도 있겠죠."

이 리무진 기사는 많은 사람들이 명심해야 할 것을 이미 알고 있었다. 우리는 처한 상황에 대한 반응을 선택할 수 있다는 것이다. 대부분 사람들이 꽉 막힌 도로에서 아주 긴 시간을 묶여 있어야 하는 상황을 경험했을 것이다. 현명한 리무진 기사처럼 우리에게도 선택권이 있다. 매일 늦을까봐 패닉에 빠져 다른 운전자들에게 화를 낼 수도 있고, 느리면 느린대로 편안하게 운전을 즐길 수도 있다.

우리는 점점 더 자주 전자를 선택한다. 미국자동차협회AAA는 과격한 운전에 의한 사고가 전체 교통사고의 3분의 2에 해당한다고 발표했다. 캘리포니아 고속도로 순찰대California Highway Patrol에 따르면 출퇴근 시간 샌프란시스코 베이 지역에서 들어오는 난폭 운전 신고 건수는 시간당 4~5건에 이른다.

사람들에게 화낼만한 이유가 없는 것은 아니다. 도로의 혼잡도와 운전자의 과격한 운전 사이에는 직접적인 관계가 있다. 하지만 도로 위의 분노가 이렇게 만연한 데는 또 다른 이유가 있다. 도로 위의 분노는 다른 일에 대한 불만을 익명으로 표출하는 방법이기 때문이다. 이런 옛날 만화를 본 적이 있을 것이다. 직장에서 힘든 하루를 보내고 집에 돌아온 남자가 아내에게 소리를 지르고, 아내는 아이들에게 소리를 지르고, 아이들은 개를 발로 차는 만화 말이다. 심리학에서는 이를 '전위displacement'라고 한다. 실제로 나를 괴롭히는 사람이나 상황에는 감정을 드러내지 않고 '더 안전한' 다른 사람에게 감정을 분출시키는 것이다.

이유야 무엇이든 우리는 차에서 많은 시간을 보내기 때문에 통근 시간은 인내심을 연습하기에 완벽한 시간이다. 이때의 인내심이란 차선을 이리저리 바꾸거나 앞 차에 너무 가까이 붙거나 끼어들기를 해서 사고를 일으키지 않는다는 의미이다. 그리고 다른 운전자들이 험하게 운전할 때 참는 것이다. 인내심을 발휘하면 사고로 이어질 수 있는 대치 상황을 피할 수 있다.

앞에 공격적인 운전자가 있든, 혹은 단순히 긴 차량 행렬이 꽉 막혀 움직이지 않고 있든 의식적으로 몸을 편안히 이완하는 행동, 특히 운전대에 손을 얹고 긴장을 푸는 것은 도움이 된다. 경치를 둘러보고 라디오에서 좋은 방송을 찾고 오디오북을 들어라.

나는 시간을 지키지 못하면 쉽게 초조해지는 편이기 때문에 "살다 보면 늦을 수도 있는 거야"라고 언제나 스스로 되뇌어야 한다. 이런 부분에 있어서 나에게 도움이 된 경험이 있다. 한번은 시간당 350달러를 받는 변호사와의 상담 시간에 1시간쯤 늦었다. 운전하는 내내 비용도 걱정됐고 변호사가 대체 나를 어떻

원하는 것이 있다면 끝까지 버텨라

게 생각할까 걱정하면서 마음이 조마조마했다. 변호사 사무실에 도착하자 변호사는 첫 번째 상담은 무료이며, 내가 늦은 덕분에 필요한 일을 할 수 있었다고 말해줬다. 이제는 늦어서 달려가야 할 때면 다시 한번 그때 그런 반응을 기대하며 나 자신을 안심시킨다.

침착하게 행동하기로 결심하면 이동 중과 목적지에 도착했을 때 느낌이 어떻게 달라지는지 차이를 느껴봐라.

미리 폭풍 경보를 발령하라

나: "애나야, 엄마 인내심이 바닥나고 있어."

애나(3세): "엄마, 걱정 마. 나에게 조금 남아있어."

당신은 어떤지 모르겠지만 어린 시절 내가 가장 견디기 힘들었던 것 중 하나는 즐겁게 놀고 있는데 어른들이 갑자기 화를 내면서 소리를 지르고 엉덩이를 때리거나 방에 가두는 것이었다. 어른들은 나에게 인내심의 허용 범위를 넘었다는 어떤 경고도 해주지 않았다. 나는 벌을 받으면서 나중에 내 아이에게는 절대로 이렇게 대하지 않겠다고 맹세했다. 그리고 실제로 이 맹세를 지켰다.

이제는 성인이 된 의붓아들 두 명과 아직 어린 애나를 기르면서 나는 늘 인내심이 바닥을 보일 것 같으면 먼저 경고했다. 아이들은 벌어질 일을 미리 알고 자신의 행동을 바꿀 것인지 또는

원하는 것이 있다면 끝까지 버텨라

인내심이 부족해진 나의 후폭풍을 견딜 것인지 선택할 수 있다. 하지만 어쨌든 선택은 아이들의 몫이다. 아이들은 내가 느닷없이 폭발하는 모습을 한 번도 본 적이 없다. 우리에게는 조기 경보 시스템이 있었기 때문이다.

조기 경보 시스템은 놀랄 만큼 효과가 좋았다. 아이들은 항상 경고를 마음에 새기고 행동을 고쳤고, 나는 화내고 나서 자기혐오와 자책감에 시달리는 사악한 서쪽 마녀가 될 필요가 없었다.

미리 폭풍 경보를 발령하는 것은 내 책임 아래에 있는 어린이들에게 훌륭한 안전장치가 된다. 하지만 이것은 부모에게도 유용하다. 때로는 참는 데 한계가 왔다고 큰소리로 외치기만 해도 계속 참을 수 있는 힘을 얻는다. 혹 계속 참지 못한다 해도 적어도 화를 내기 전에 잠시 멈추고 경고함으로써 우리 자신을 좀 더 존중할 수 있다. 행동하기 전 미리 알리는 것은 내가 감정적으로 신뢰할 수 있는 사람임을 스스로에게 증명하는 것이기 때문이다. 우리는 아이들이 주는 사랑과 스스로의 존중을 받을 가치가 있다.

다음에 인내심이 끝을 보이는 허리케인이 몰려올 것 같으면 폭풍 경보를 발령하고 그것이 나와 아이들에게 어떤 영향을 미치는지 확인해봐라. 폭풍이 언제 닥칠지 잘 모르겠다면 '조기 경보 신호를 파악하라(174쪽 참조)'에 나온 방법을 먼저 연습하라.

그리고 설사 인내심이 바닥나 분노를 터트렸더라도 스스로에게 연민을 가져라.

원하는 것이 있다면 끝까지 버텨라

내면의 나와 대화하라

안락한 내면의 도시를 떠나 직관의 황무지로 떠나라.

아주 놀라운 것을 발견하게 될 것이다. 바로 나 자신이다.

_ 알란 알다Alan Alda

마크와 베티는 아이들이 대학을 졸업하자 교외의 큰 집을 팔고 크기를 줄여 도시로 이사하기로 결정했다. 몇 달 동안 마땅한 집을 찾다가 어느 날 베티는 꿈에 그리던 아파트를 발견했다. 그녀는 자신의 노후를 이 지역에서 보내고 싶었다. 마크와 베티는 즉시 아파트의 매수 의향서를 내고 교외의 집을 내놓았다. 그러나 교외의 집이 팔리지 않아 새로운 아파트를 놓칠 수밖에 없었다.

베티는 이렇게 말했다. "처음에는 속이 쓰렸고 다른 선택지를 찾아야겠다고 생각했어요. 그런데 이상한 일이 일어났어요. 마음속 어디에선가 '포기하지 마라. 여기가 내가 살 집이다'라고 메시지가 오는 거예요. 이미 아파트는 팔렸는데 이상한 일이었죠. 하지만 내 안의 무언가가 계속 기다리라고 말했어요. 1년 동안 출근길에 그 아파트 앞을 지나갈 때마다 똑같은 생각이 떠올랐답니다. 기다리라고요. 그러던 어느 날 정말 갑자기 그 아파트가 다시 매물로 올라왔어요. 이번에는 집을 팔 수 있었죠. 지금 우리는 그 아파트에 산답니다."

나는 베티가 들은 것이 자기 직관의 목소리였다고 생각한다. 모든 사람은 이렇듯 힘들 때 도움이 되는 깊고 끈질긴 직관을 가지고 있다. 계속 밀어붙여야 하는 상황인가, 포기하는 게 나은 상황인가? 아무것도 하지 말고 기다려야 하는가, 행동에 나서야 하는가? 내면의 지혜는 우리를 인도한다.

베티처럼 직관의 목소리를 크게 들을 수 있다면 좋을 것이다. 하지만 그런 일은 흔치 않다. 우리는 다른 방법으로 내면의 지혜에 도달해야 한다. 자넬 문Janell Moon은 자신의 책 《물을 휘젓는 법 Stirring the Waters》에서 '대화하기dialoguing'라는 유용한 일기쓰기 연습법을 알려준다.

시작하기에 앞서 대화하기는 공책에 깔끔하게 줄을 맞춰 쓸 필요가 없다는 사실을 먼저 알린다. 심지어 뭘 적어야 하는 것도 아니다. 큰 종이에 특별한 순서 없이 일련의 생각을 말풍선 속에 적어 넣을 수도 있다. 아니면 다음 설명을 읽고 산책 중에 질문을 되짚으며 어떤 생각이 떠오르는지 그냥 살펴볼 수도 있다. 마음이 작동하는 방식에 따라 더 효과적인 방법이 있을 것이다. 지금까지 배웠던 '올바른' 일기쓰기 방식이 아니라 나에게 맞는 방식을 택해라.

먼저, 내가 아는 가장 현명한 사람 10명을 적거나 떠올린다. 그다음 '나의 인내심을 시험하는 걱정거리'를 적거나 떠올린다. 문은 이렇게 쓰고 있다.

"어쩌면 당신은 계속 관계를 유지해야 하는지 고민하고 있을지도 모릅니다. 친구와 갈등을 겪고 있고 가장 현명하고 부드러운 대응 방법을 찾으려고 애쓰고 있을지도 모르겠네요. 당신에게 필요한 것은 인내심에 관한 조언을 듣는 것입니다."

이제, 아까 뽑은 10인의 현명한 사람들을 참고해서 누가 이 특정한 걱정거리를 해결하는데 가장 도움이 될지 살펴보자. 그와의 대화를 상상해봐라. 대화는 이런 식으로 진행될 것이다.

나 "저는 왜 이렇게 참을성이 없을까요?"
현명한 스승 "두려움 때문이다."
나 "하지만 무엇을 두려워하는데요?"
현명한 스승 "아마 뒤처질까 봐 두려운 것 같구나."
나 "저는 경쟁심이 없는걸요. 그게 다라고 생각하세요?"

현명한 스승 "아마도 살아남아야 한다는 것, 늘 바빠야 한다는 것에 대한 두려움에 가깝겠구나."

이런 식으로 필요한 조언을 얻을 때까지 계속한다.

이 방법이 좋은 점은 문제를 내 식대로 풀 수 있다는 것이다. 문제에 빠져 꼼짝 못 하게 되면 나의 기지를 발휘해 해결책을 찾기가 어렵다. 물론 친구들과 여기저기에서 얻을 수 있는 조언도 모두 훌륭하고 좋다. 하지만 다른 누구보다 나를 잘 아는 사람은 나 자신이다. 게다가 보통의 경우 다른 사람들은 나보다 그들 자신에게 맞는 조언을 해준다. '대화하기'는 내가 존경하는 사람은 이 상황에 대해 어떻게 말할까 생각해봄으로써 나에게 딱 맞는 대답으로 마음을 이끈다.

원하는 것이 있다면 끝까지 버텨라

혈당을 유지하라

신경계는 지어낸 말이 아니라 정말 우리 신체의 일부이다.

우리 영혼은 공간 속에 존재하며 그것은 마치

입 속에 치아가 있듯 우리 안에 있다.

_보리스 파스테르나크Boris Pasternak

나는 당시 사귀던 남자친구와 캘리포니아 남부 어느 낯선 지역의 고속도로를 운전해가고 있었다. "배고파. 뭘 좀 먹어야겠어." 내가 말하자 남자친구는 고속도로에서 빠져나와 식당을 찾기 시작했다. 우리는 온통 집밖에 없는 주택가에 갇힌 것 같았다. 식당은 어디에도 보이지 않았다. 시간이 흘렀고 나는 점점 더 배가 고파졌다. 여전히 먹을 곳은 아무 데도 없었다. 나는 왜 아무것도 없냐고 투덜대기 시작했다. 마침내 남자친구가 세이프웨이(미국의 슈퍼마켓 체인-옮긴이)를 발견했다. "저기 가보자." 그가 침착하게 말했다. 나는 가게에 들어가서 정처 없이 진열대 사이를 돌아다녔다. "먹을 게 없잖아!" 나는 울면서 가게를 나와버렸다.

내가 미친 사람처럼 행동하는 동안, 한편으로는 여전히 이성적인 나의 자아는 내 행동을 관찰하면서 생각했다. '이게 대체 무슨 짓이야?' 마치 외계인에게 납치당한 기분이었다.

불과 몇 달 후 저혈당 진단을 받고 슈퍼마켓에서 있었던 사건을 객관적으로 바라봤다. 혈당이 너무 낮아지면 짜증이 나고 비이성적으로 되며 참을성이 없어진다. 나는 이제 다른 사람들의 증상까지도 알아본다. 증상은 꽤 명백하다. 보통 합리적이었던 사람이 갑자기 성급해진다. 이성이 완전히 사라지지 않았더라도 일촉즉발의 상태가 된다.

어린아이를 키우는 부모들은 이것을 직관적으로 알고 있다. 아이들은 배가 고프면 폭군이 된다. 그래서 저녁 식사 직전이 성질이 가장 곤두서고 인내심이 부족한 경우일 때가 많은 것이다.

인내를 실천하는 것은 대부분 감정적이거나 정신적인 문제이지만, 생화학적인 이유로도 인내심이 부족해질 수 있다. 어쩌면 그냥 먹기만 해도 해결될 문제일 수 있는 것이다.

인내심 부족의 원인이 생화학적 이유 때문인지 알아볼 수 있는 한 가지 방법은 인내심을 잃었을 때 주의를 기울이는 것이다. 인내심을 잃은 것이 식사 전이었나? 먹은 후에 다시 평정을 찾

원하는 것이 있다면 끝까지 버텨라

았는가? 혈당이 낮아졌더라도 배고픔을 느끼지 못할 수도 있다. 따라서 '배가 고프다'는 증상보다는 '먹고 난 뒤 더 인내심이 많아졌다'라는 결과를 살펴보는 편이 더 낫다. 일주일 동안 기록해 보고 패턴을 확인할 수 있는지 봐라. 만약 패턴을 확인할 수 있다면, 나와 내가 사랑하는 사람을 위해 저혈당을 방지할 수 있게 해라. 고단백 간식을 가까이에 두는 것이다. 치즈 스틱, 견과류, 삶은 달걀의 흰자, 저지방 요구르트 모두 좋다.

혈당 유지는 정서적 평형을 유지하는 데 생화학적으로 확실히 도움이 되는 간단한 방법이다. 화려하지는 않지만 분명 효과적이다.

상황을 재구성하라

러크나우의 열기가 정말 뜨겁다는 것을 아신다면 기쁘실 겁니다! …

우리 마음속에 있는 신의 열기로는 타오르지 않으니

바깥에 있는 신의 열기로 타오르면 좋은 거지요.

_테레사 수녀, 러크나우에서 보낸 편지 중

신발 공장 사장이 사업을 확장할 수 있을지 알아보기 위해 아프리카의 한 지역으로 마케팅 사원 두 명을 보냈다. 한 직원은 "가망 없음. 신발 신은 사람이 없음"이라고 전보를 보냈고, 다른 한 직원은 의기양양하게 "엄청난 사업 기회가 있음. 신발을 가진 사람이 없음"이라고 전보를 보냈다.

이 이야기는 로자먼드 스톤 젠더Rosamund Stone Zander와 벤저민 젠더 부부가 쓴 《가능성의 세계로 나아가라》에 나온다. 저자들은 이 이야기를 통해 우리는 늘 현실을 해석하고 있으며, 따라서 긍

원하는 것이 있다면 끝까지 버텨라

정적인 쪽으로 해석하는 편이 낫다는 사실을 보여준다.

최근에 애나 덕분에 인내심과 관련해 긍정적 해석이 얼마나 유용한지를 깨닫게 된 일이 있었다. 나는 저녁을 만들고 있었다. 애나는 평소처럼 부엌 식탁에서 종이와 스카치테이프로 무언가를 만들고 있었다. 적어도 20분은 만들었을 것이다. 그런데 애나가 만들던 것을 똑바로 세우려고 하자 갑자기 와르르 무너져 버렸다. 우리 집 다섯 살짜리가 울거나 징징대거나 투덜댔을까? 아니었다. 애나는 그저 그것을 보더니 차분히 "이번엔 성공하지 못했네"라고 말할 뿐이었다.

이렇게 똑똑한 말을 고작 다섯 살짜리 어린애가 하다니.

애나는 긍정적인 면을 보기로 선택했고 그로 인해 인내심을 갖고 다시 시도할 수 있었다. 아이는 '이 바보 같은 종이가 나빠'라거나 '난 너무 멍청이라 이걸 해내지 못했어'라고 생각할 수도 있었다. 아니면 '이런 건 하려고 하지도 말아야지'라고 생각할 수도 있었고 말이다. 이런 생각들은 좌절과 짜증, 포기로 이어졌을 것이다.

그러나 애나는 "이번엔 성공하지 못했다"고 말했다. 이 말은 다음번에는 성공할지도 모른다는 의미를 내포하고 있고 이렇게 말함으로써 애나는 더 나은 해결책을 찾기 위해 자신의 창의성과 의욕을 불태울 수 있었다. 진짜 그랬다. 애나는 내 책상으로 달려가 자신의 건축물을 더 튼튼하게 만들 판지를 찾았고 다시 시작했던 것이다.

애나는 자신이 무엇을 하고 있는지 모르고 이렇게 했지만, 우리 어른들은 의도적으로 애나가 했던 일을 할 수 있다. 심리학자들은 이를 재구성reframing이라고 표현한다. 재구성은 절망, 부족함, 짜증의 감정을 극복하고 인내력과 기지를 발휘하기 위해 우리가 쓸 수 있는 가장 강력한 도구 중 하나이다. 재구성을 하려면 스스로에게 한 가지 간단한 질문을 던져봐라. 이 상황을 어떻게 봐야 좋은 결과, 더 큰 마음의 평화를 얻을 수 있을 것인가?

남편을 처음 만났을 때 그는 서른일곱 살이었고 9개월 이상 지속된 연애를 한 적이 없었다. 그는 오랫동안 혼자 지냈지만 끈기 있게 사랑을 기다리는 일을 멈추지 않았다. 한 번은 그에게 어떻게 그럴 수 있었는지 물었다. 그랬더니 이런 대답이 돌아왔다. "연애가 끝날 때마다 '누군가를 오래 사귀기 전에 아직 배워야 할 것이 남아있구나'라고 생각했지." 이것이 재구성이다. 남편은 자기 자신, 상대방, 운명을 탓하기보다 상황을 배우는 과정의 일부로 보았고 따라서 진정한 사랑을 만날 때까지 인내심을 유지할 수 있었다.

인생에서 인내심을 시험에 들게 하는 일들을 어떻게 재구성할 수 있을까? 다음번에 피가 끓어오르기 시작하면 그 상황을

원하는 것이 있다면 끝까지 버텨라

어떻게 다르게 볼 수 있는지 자문해 봐라. 예를 들어, 내 친구 중 하나는 차가 막히는 상황을 좋아한다고 공공연하게 말한다. 차가 막히면 다른 때는 도통 얻기 힘든 '방해받지 않고 생각할 수 있는 시간'을 가질 수 있기 때문이다. 공포 대신 가능성을, 히스테리 대신 희망을 주는 해석을 찾아야 한다. 인생이 뜻대로 되지 않는 것처럼 보일 때, 재치 있게 풀어가는 능력이 크게 뛰어오를 것이다.

다른 할 일을 찾아라

분노와 반항적인 생각, 모든 조바심과 다툼에 대한

최고의 예방약은 마음속에 다른 할 일과 관심거리를 갖는 것이다.

이것은 스펀지처럼 당신의 관심을 빨아들이고

불만스러운 일을 곱씹지 않게 할 것이다.

_조셉 리카비Joseph Rickaby

애나는 내가 이런저런 일들을 도와줬으면 하고 바라는 눈치였다. 하지만 나는 저녁 준비하느라 바빴다. "1분만 기다려줘." 내가 말했다. "1분은 정말 긴 시간이야." 애나가 투덜댔다. "글쎄." 나는 우리 엄마처럼 대답했다. "다른 생각을 하면 시간이 더 빨리 갈 거야."

'쳐다보고 있는 냄비는 절대 끓지 않는다'는 오래된 속담이 있다. 이 말은 1분을 기다리는 다섯 살 어린이에게도, 정해지지

원하는 것이 있다면 끝까지 버텨라

않은 시간을 기다리는 마흔 살 어른에게도 맞는 말이다. 기다리고 있다는 사실에 집중할수록 시간은 더 느리게 간다. 그렇기 때문에 인내심을 실천하는 가장 좋은 방법은 다른 일을 하거나 다른 생각을 하는 것이다. 앞서 나온 조셉 리카비의 격언처럼 가급적이면 흥미가 당기는 것이 더 좋다.

다른 일을 하는 것은 주의를 돌리는 것과 작용 방식은 동일하지만 그 이상의 효과가 있다. 인내심이 필요한 상황에서(즉, 통제할 수 없는 상황에서) 다른 것으로 주의를 돌리면 인생의 모든 게 통제 밖에 있는 것은 아니라는 사실을 떠올릴 수 있다. 여전히 내가 주도권을 잡을 수 있는 것이 있다는 사실, 다른 사람 혹은 다른 무엇의 변덕에 완전히 놀아나지 않을 수 있다는 사실을 기억하게 된다.

출판사를 인수할 매수자를 안달복달 기다리던 시기에 고객들과 함께 일하는 것은 내게 한도 끝도 없는 도움이 됐다. 고객들에게 더 유능하게 도움을 줄수록, 설사 출판사에 무슨 일이 생기더라도 내가 나 자신과 가족을 돌볼 수 있으리라는 사실을 더 잘 기억할 수 있었기 때문이다. 애나는 내가 도와주러 갈 때까지 기다리면서 크레파스와 종이를 꺼내 다른 일을 했고, 자신의 행복을 엄마에게 완전히 의지하고 있지 않음을 스스로 증명하고 있었다. 아이는 스스로 즐거울 수 있었다.

지금 잠깐 인내심이 필요한 상황을 생각해봐라. 삶의 다른 영역에서 통제력이나 즐거움을 얻기 위해 당장 무엇을 할 수 있을까? 감이 영 좋지 않은 시험 결과를 기다리고 있거나 다시 한번 만나서 데이트하자는 전화를 기다리고 있는가? 이런 일을 몇 번이고 되씹으며 생각하는 대신 기다리면서 할 수 있는 뭔가 재미있거나 흥미로운 일은 없을까? 차량관리국에서 줄을 서서 기다려야 할 때 잡지를 가져가거나 막히는 차 안에서 머릿속으로 저녁에 뭘 먹을지 계획을 짜는 것은 어떨까?

인내심을 갖는다는 것은 우리를 좌절시키는 것에 끝없이 연연한다는 뜻이 아니다. 마음을 다른 곳에 두어도 완전히 괜찮다. 실제로 어느 익명의 학자는 인내심 그 자체는 "다른 할 일을 찾는 기술"에 불과하다고 확언하기도 했으니 말이다.

원하는 것이 있다면 끝까지 버텨라

나이 드신 부모님에게
인내심을 연습하라

나이 드는 법을 아는 것은 지혜의 걸작이며,

인생이라는 위대한 예술에서 가장 어려운 장 중 하나이다.

_앙리 프레데릭 아미엘Henri-Frédéric Amiel

내 친구 미셸은 올해 60세가 된다. 훨씬 더 노쇠하신 미셸의 어머니는 97세시다. 지난 25년 동안 미셸은 점점 더 어머니를 많이 보살펴야 했다. 한 번에 몇 주씩 어머니를 방문하고, 어머니의 건강이 나빠지면 만사를 제치고 어머니를 챙겼다. 여행과 일도 연기하고 결국에는 어머니와 가까이에 살기 위해 나라 이쪽에서 저쪽으로 이사를 했다. 그 모든 세월 동안 미셸의 어머니는 딸이 한 희생에 대해 한 번도 감사한 적이 없었다. 그러나 어머니가 삶을 존엄하게 끝맺을 수 있게 돕겠다는 미셸의 결심은 한 번도 흔들린 적이 없었다.

미셸은 성자가 아니다. 종종 인내심을 잃기도 한다. 특히 어머니가 자신이 늙었고 더 이상 예전에 할 수 있던 일을 할 수 없다는 사실을 이해하지 못할 때는 더 그렇다. 예를 들어, 혼자 매트리스를 뒤집는 일 같은 것 말이다. 어머니는 결국 허리를 삐끗해서 6개월 동안 침대에 누워계셔야 했다. 미셸은 낙담하고, 짜증을 내고, 심지어 화도 낸다. 하지만 어머니와 자신을 용서하고 계속 어머니를 돌본다.

많은 면에서 나이 드신 부모님을 돌보는 일은 아이를 키울 때와 같은 인내심이 요구된다. 그들은 채울 수 없는 기본적인 욕구를 보살피고, 다치지 않도록 한결같이 경계하고, 작은 몸짓과 부름에 끊임없이 응답하며, 기억하지 못하기 때문에 똑같은 이야기를 계속해서 반복해야 한다.

하지만 어린이를 돌보는 것과 노인을 돌보는 것 사이에는 차이가 있다. 어린이를 돌보는 사람은 발전하는 모습을 볼 수 있다. 언젠가 어린 새가 혼자 날아오를 수 있도록 모든 노력을 기울이는 것이다. 노인을 돌볼 때는 다른 동기를 찾아야 한다. 아마 부모님이 우리를 길러주셨기 때문에 은혜를 갚고 싶은 마음, 아니면 부모님의 노후를 최대한 즐겁게 만들어드리고 싶다는 마음이 동기가 될 것이다. 우리는 각자의 이유를 찾아야만 한다.

에티 힐레숨 Etty Hillesum은 일기《가로막힌 삶 An Interrupted Life》에서

부모님을 대할 때의 어려움과 부모님을 더 잘 대하기 위해 필요한 것에 대해 썼다. "여기서 필요한 것은 소소한 사랑의 행동이 아니다. 보다 근본적이고 중요하며 어려운 것이 필요하다. 마음 속 깊이 부모님을 사랑하는 것. 부모님이 그들의 존재 자체로, 나를 옭아맴으로써, 부모님의 복잡한 삶의 짐을 내 삶에 얹어 나에게 안긴 모든 어려움을 용서하는 것이다."

그러나 인내심이 시험받고 있는 순간 이렇게 고결한 감상은 유용하지 않을 것 같다. 이런 때 가장 도움이 되는 것은 왜 인내심이 부족해지는지 살펴보는 것이다.

에티는 이것을 다음과 같이 이해했다. "이것은 아버지와는 정말 아무 관계가 없다. 즉, 아버지의 성품, 아버지의 가장 사랑스럽고, 애처롭고, 친절한 인품과는 아무 관계가 없다는 말이다. 이것은 나와 관계가 있다."

미셸이 자신의 상황을 이런 방식으로 바라보자 다음과 같은 것이 보였다. "엄마와 함께 있어보니 나이가 들면 연약해지는 것 같더라고. 나도 언젠가는 그렇게 되겠지. 내게 지금 엄마에게 필요한 그런 도움이 필요해진다면? 너무 고통스러워서 유쾌해지지 못하면 어쩌지? 나는 엄마가 내 어린 시절의 용감한 엄마가 되길 바랐던 거야. 그래서 내가 늙는 것을 두려워하지 않을 수 있게. 그래서 엄마에게 인내심을 잃었던 거지.

이런 깨달음이 큰 도움이 됐어. 내 자신의 연약함과 노화에 대한 두려움에도 연민을 갖게 됐지. 엄마와 함께 있을 때마다 스스로에게 말해. '그래, 나는 무섭다. 나는 연약하다.' 내가 이렇게 스스로에게 연민을 가질수록 엄마에게도 더 인내심을 갖게 되더라고."

당신도 미셸처럼 할 수 있다. 다음에 연로하신 분에게 인내심이 부족해지면 스스로에게 '나는 무엇을 두려워하는가?'라고 물어봐라. 나의 두려움을 돌볼수록 필요한 순간 더 많은 인내심을 발휘할 수 있을 것이다.

마음으로 대하라

인생에서의 성공은 당신이 얼마나 젊은이에게 상냥하고,

나이 든 사람에게 연민을 갖고, 분투하는 사람들에게 공감하며,

약자와 강자에게 관용을 베푸는가에 달려 있다.

왜냐하면 언젠가 당신이 이 모두가 될 것이기 때문이다.

_조지 워싱턴 카버George Washington Carver

라이프 코치인 이얀라 벤젠트는 자신의 책《어느 날 내 영혼이 열렸다One Day My Soul Just Opened Up》에서 인내심에 관한 강력한 경험을 소개한다. "약속 시간에 늦어서 온 집안을 돌아다니며 서둘러 준비하고 있었어요. 아이라이너를 그리면서 스타킹을 찾고 양치질을 하면서 블라우스를 다렸죠. 늦었을 때 얼마나 많은 일들을 할 수 있는지 알면 깜짝 놀랄 거예요."

그때 전화벨이 울렸다. 교도소에서 아들이 전화한 것이었다.

아들은 만화책 때문에 싸우다가 다른 수감자를 물었고 전화를 걸어 도움을 청하고 있었다. 처음에 이얀라는 "네 전화 때문에 내 계획이 틀어지고 있잖아!"라고 대꾸했다. 아들은 낙담해서 횡설수설했다. 이얀라는 점심 약속에 얼마나 심하게 늦게 될까만 생각했다. 마침내 아들이 애처롭게 말했다. "저는 아직 집에 갈 준비가 안 된 거겠죠, 그렇죠?"

불현듯 이얀라는 깨달았다. '이 아이는 내 아들이고, 내게 도움을 청하며 교도소에서 전화를 하고 있다. 그런데 나는 점심 약속을 놓칠까봐 걱정하고 있는 건가?'

"그 순간 가능한 모든 사랑과 인내를 끌어모아 대답했습니다. '아들아, 인생의 시험에서 꼭 A를 받을 필요는 없어. 그저 합격만 하면 돼. 싸움을 중단하고 시간을 들여서 전화를 했잖니. 내게 묻는다면 나는 네가 잘 하고 있다고 생각한다.'"

이얀라 벤젠트가 깨달은 것처럼 다른 사람에게 인내심을 갖는 것에 관해 우리가 할 수 있는 최고의 방법은 연민을 끌어내는 것이다. 대부분의 사람들은 자신이 할 수 있는 최선을 다한다. 이 사실을 떠올리면 마음이 열리고 인내심이 밀려들어 온다. 이성에 기반해 상대를 대하면 매우 비판적으로 될 수 있다. '이 사람은 이렇게 되어야 하고, 저 사람은 저렇게 되면 안 된다'는 식이다. 그러나 마음을 열면 모든 사람이 완성되지 않은 예술 작품이며, 완성되어 가는 작품이라는 사실이 떠오른다.

15세기 기독교 수도사이자 작가인 토마스 아 켐피스Thomas à Kempis는 그의 유명한 저서 《그리스도를 본받아The Imitation of Christ》에서 이렇게 말했다.

"다른 사람들의 결점을 참는 데 인내심을 가지려고 노력하라. 당신 또한 결점이 많고 다른 이들이 그 결점을 참기 때문이다. 당신 자신조차 스스로 바라는 모습이 아니면서 어떻게 당신 마음에 드는 다른 사람을 찾을 수 있으리라고 기대하는가?"

연민을 가져야 한다고 말하기는 쉽다. 하지만 누군가가 나에게 못되게 굴 때 그에게 연민을 갖는 것은 완전히 다른 문제이다. 따라서 연민을 실천하는 좋은 방법은 그 상황에서 한발 물러서서 스스로에게 세 가지 질문을 해보는 것이다.

첫째, 만약 이 상황을 상대방의 관점에서 본다면 그는 지금 어떤 기분일까? 둘째, 내가 존경하는 사람은 이 상황을 어떻게 해석할까? 셋째, 내가 존경하는 사람이 이 사람처럼 행동했다면 나는 다른 기분일까? 만약 그렇다면 어떻게 다른 기분일까?

내 동료인 도나 마르코바Dawna Markova가 만든 이 질문들은 마음을 여는데 도움이 된다. 이것이 아들과 통화하면서 이얀라가 했던 일이다. 그녀는 아들의 입장을 보았고 연민했던 것이다.

인내와 연민은 상호 작용하면서 서로 지탱하고 확대된다. 더 많은 인내심을 가질수록 다른 사람의 감정에 더 세심해지고 더 공감할 수 있다. 그리고 머리가 아닌 마음으로 상대를 대할수록 우리의 가슴 속에 있는 인내심을 더 많이 활용하게 될 것이다.

스스로에게 시간은 충분하다고 말해라

인생은 너무 짧다. 우리는 모두 더 천천히 움직여야 한다.

_ 틱낫한

우연히 이 아이디어를 떠올렸던 것은 몇 년 전이었다. 마감에 몰려 이런저런 일을 서둘러 하다가 문제에 부딪혔다. 컴퓨터가 고장이 났던 것이다. 조바심이 치밀어 오르기 직전, '이럴 시간이 없는데'라고 말하는 내 안의 목소리가 들렸다. 이 말을 듣자마자 신체적 동요가 일어났다. 심장 박동이 빨라지고 호흡이 가빠졌다. 하지만 내 뇌의 작은 부분, 나 자신을 바라보는 목격자로서의 나는 방금 일어난 일을 알아차렸다. 언제나 '이럴 시간이 없다'고 생각하면 조바심을 느끼기 시작했다는 사실 말이다. '이럴 시간이 없다'는 생각은 매번 초조함과 공포를 촉발시켰다.

나는 이런 당황스러운 느낌이 싫었다. 그래서 어느 날, 잃을 것이 아무것도 없다는 것을 알고는 장난삼아 '필요한 만큼 시간은 충분하다'고 말해보기로 했다. 아무리 방해가 많고 설사 컴퓨터가 고장 나도 나에게는 프로젝트를 마칠 수 있는 충분한 시간이 있다고 말이다. 꽉 막힌 도로에 갇혀 있어도 목적지에 도착할 시간은 충분하다. 저녁 7시에 사무실을 나서도 저녁을 요리할 시간은 충분하다. 이렇게 말이다.

그러자 세상에, 정말 마법 같은 효과가 나타났다. 대부분의 경우 나에게는 진짜 충분한 시간이 있었다. 효과가 너무 좋아서 거의 마법처럼 보일 정도였는데, 내 태도에 따라 시간이 늘어나거나 줄어드는 것 같았다. 몇 번은 진짜 시간이 부족하긴 했지만 시간이 부족하다고 스스로를 겁먹게 했던 때보다는 더 많은 일을 해냈다.

나는 시간이 부족하다고 스스로를 겁주면 효율성과 수행 능력이 크게 감소한다는 것을 깨달았다. 실제로는 압박감 속에서 더 침착해질수록 더 많은 일을 할 수 있다. 우리 뇌에서 이성적인 부분과 추론 기능을 담당하는 신피질이 활발해지기 때문이다. 당황하지 않고 이성을 가지면 어떻게 컴퓨터를 고칠지, 어떻게 보모의 스케줄을 조정할지, 어떻게 제시간에 회의에 도착할 수 있을지 알아낼 수 있다. 흥분하기보다는 침착함을 유지하는 게 중요하다.

원하는 것이 있다면 끝까지 버텨라

스스로에게 시간은 넉넉하다고 말함으로써 나는 스트레스 상황에서도 많은 일을 해낼 수 있었고 침착함을 유지할 수 있었다. 그러자 사무실 사람들이 비법을 묻기 시작했다. 내가 전략을 공유하자 다른 사람들도 이 방법을 사용하기 시작했다. 물론 이들도 똑같은 효과를 봤다.

우리가 발견한 요령은 스스로에게 시간은 충분하다고 말하는 걸 기억하는 것이다. 어떤 사람들은 포스트잇에 적어서 컴퓨터에 붙여놓기도 한다. 나의 경우는 '이럴 시간이 없다'는 내면의 소리가 들릴 때마다 잠깐 멈추고 이 말을 '시간은 충분하다'로 바꾼다.

직접 실험해봐라. 스스로에게 시간은 충분하다고 말하면 어떤 일이 벌어지는지 일주일 동안 주의 깊게 살펴봐라. 삶이 더 건전하고 행복해졌는가? 생산성이 더 높아졌는가? 효과가 있었다면 정말 잘 됐다! 일은 더 많이 하면서 스트레스는 덜 받는 방법을 찾은 것이다.

위험을 분석하라

어떤 불행이 위협해올 때 일어날 수 있는

가장 최악의 일이 무엇인지 진지하고 신중하게 생각해봐라.

가능한 불행을 직시하고 나서 그것이 결국 그렇게 끔찍한 재앙은

아닐 거라고 생각할 수 있는 타당한 이유를 찾아라.

_버트런드 러셀Bertrand Russell

친구 아네트는 내가 아는 가장 침착한 사람 중 하나이다. 나는
다양한 상황 속에서 그녀를 봐왔고 그녀의 평온함은 끝이 없어
보였다. 아네트가 매일 투석을 해야 하는 심각한 신장병을 가지
고 있다는 점을 생각해보면 이것은 더 놀라운 일이다. 어쨌든 그
녀는 신장병과 그밖에 인생의 다른 부분들을 우아하고 침착하
게 다루고 있었다. 대체 어떤 비법이 있는 것일까? 그래서 하루
는 아네트에게 물어봤다. 그랬더니 이런 대답이 돌아왔다.

원하는 것이 있다면 끝까지 버텨라

"음, 침착함을 잃기 시작하고 압박감이 느껴지면 나 자신에게 이렇게 물어봐. '이것을 해결하는데 시간이 오래 걸린다면 일어날 수 있는 가장 최악의 일이 뭘까?' 만약 문제가 교통체증처럼 내가 통제할 수 없는 일이라면 이렇게 묻지. '내가 늦는다면 일어날 수 있는 최악의 일은 뭘까?' 배관공이 오늘 화장실을 고치러 오겠다고 하고서 오지 않는다면? 대답은 거의 항상 '별일 없다'거든. 그러니 만약 내가 10분 늦거나 화장실을 고칠 다른 사람을 찾아야 한들 무슨 상관이겠어? 그렇게 해서 생길 수 있는 문제들은 내가 그 일로 흥분해서 느낄 속상함에 비하면 아무것도 아니라고 생각해."

역시 아네트는 현명한 사람이었다. 인내심을 발휘하는 아네트의 방법은 아주 간단하다. 비즈니스에서는 그녀가 사용하는 방법을 위험 분석이라고 한다. 어떤 위험이 있고 위험을 견뎌낼 수는 있는지 계산해보는 것이다. 보통 그녀가 알아내는 것은 당신이나 내가 위험 분석을 한다면 알아낼 결과와 같다. 필시 위험은 아주 적을 것이라는 사실이다. 문제는 스트레스를 받으면 우리는 흥분하고 마치 생사가 달린 상황에 있는 것처럼 느낀다는 것이다.

위험한 상황에서도 위험 분석은 유용하다. 당시 24세였던 엘렌 맥아서Ellen MacArthur는 세계에서 가장 노련한 항해사들이 혼자 1인승 요트를 타고 전 세계를 돌아오는 경주인 방데 글로브 Vendée Globe에 출전했다. 아무도 엘렌이 세계에서 가장 힘든 요트 경기로 알려진 이 대회에서 완주할 수 있을 거라고 예상하지 않았다.

엘렌은 혼자서 빙산 5개를 아슬아슬하게 지나쳤다. 요트의 배 틀과 대거보드가 부러져서 위험천만하게 수리를 해야 했다. ("바로 밑에서 배가 부서지는 소리를 듣는 것은 정말 끔찍한 기분이다." 엘렌은 대거보드가 부러진 사건에 대해 일기에 이렇게 적었다.) 결승선에서 1,931킬로미터 떨어진 곳에서 돛대를 받치고 있던 막대기가 부러졌고 그녀의 배는 영영 망가지고 말았다.

어려움에 처할 때마다 엘렌은 신중하게 위험을 평가해 가능한 선택들을 계산하고 끈기 있게 상황을 바로잡았다. 경기 결과는 어땠을까? 엘렌은 이 경기에서 2등으로 들어왔고, 혼자서 전 세계를 항해한 사람들 중 가장 어리고 가장 빠른 여성이 됐다. 그리고 세계에서 두 번째로 이 경기를 100일 안에 완주한 사람이 됐다.

다음번에 어떤 일 때문에 흥분하게 되면 위험 분석을 하고 그것이 균형 잡힌 관점을 회복하는데 도움이 되는지 확인해봐라. '일어날 수 있는 최악의 일은 무엇인가?' 묻는 것이다. 침소봉대를 잘해서 흥분이 가라앉지 않는다면 다음과 같은 질문들을 더

원하는 것이 있다면 끝까지 버텨라

던져라. "현실적으로 가장 최악의 일이 일어날 가능성이 얼마나 되는가? 최악의 상황이 발생하더라도 살아남을 수 있을까? 아니면 결과적으로 더 잘할 수 있을까?"

아마도 당신은 최악의 상황은 일어날 가능성이 낮고 설사 그런 상황이 발생한다고 해도 어떻게든 해낼 수 있으리라는 것을 알게 될 것이다. 그리고 이런 자각으로 필요한 여유를 얻게 될 것이다.

원하는 것이 있다면 집중하라

결국 내 뜻대로 된다면 나는 대단한 인내심을 발휘한다.

_마거릿 대처Margaret Thatcher

크리스토퍼 리브는 회고록《크리스토퍼 리브의 새로운 삶Nothing Is Impossible》에서 1995년 낙마 사고로 어깨 아래 전신이 마비된 후 어떻게 다시 일어서겠다는 결심을 했는지 썼다. 의사들은 그에게 척추가 부러져 회생이 불가능하다고 말했다. 죽지 않은 것만으로도 행운이었다. 그러나 전직 슈퍼맨은 스스로 목표를 세웠다. 2002년 50세 생일에 두 발로 일어서서 자신을 도와준 사람들을 위해 건배하겠다는 것이었다.

크리스토퍼 리브는 50세 생일에 일어서서 건배하지는 못했다. 하지만 혼자서 앉아 있었고 팔과 다리를 움직였다. 척추가 돌이킬 수 없을 정도로 부러진 지 6년 후 신경이 조금은 재생되었다는 증거였다. 게다가 가벼운 접촉과 핀으로 살짝 찌르면 느낌을 느낄 수 있었다. 다시 한번 척추 신경이 회복되고 있다는 신호였다.

그는 엄청나게 공격적인 일일 운동 프로그램을 통해 이런 위업을 달성했다. 이 프로그램은 다른 무엇보다도 그 자신과 그를 돕는 사람들의 엄청난 인내심이 필요한 것이었다. 언뜻 생각하기에 아무 보람도 없어 보이는 혹독한 운동을 계속 반복할 수 있는 인내심 말이다.

리브는 목표에 도달하지 못했고 사실 꿈을 실현하기 전에 사망했다. 하지만 나는 그가 목표를 가졌기 때문에 인내심을 가질 수 있었고 그런 진전을 이룰 수 있었다고 생각한다. 그에게는 노력해야 할 정말 중요한 목표가 있었기 때문에 요구되는 모든 육체적 고통을 견딜 수 있었던 것이다. 그는 보상에서 눈을 떼지 않았다.

이를 위해 슈퍼 영웅이 될 필요는 없다. 집을 리모델링하면서 생기는 여러 가지 혼란스러운 문제들 때문에 친구 카렌은 6개월 동안 화장실이 없는 집에서 살았다. 나는 카렌에게 어떻게 참고 살았는지 물었다. "그냥 목표에만 집중했어. 내 남은 평생 동안 누릴 수 있는 아름다운 화장실을 갖는 것이었지. 인내심을 잃기 시작할 때면 목표로 하는 결과를 떠올렸는데 그러면 인내심이 다시 샘솟더라."

이 기술은 사람을 상대할 때도 효과가 있다. 마거릿 대처의 격언처럼 원하는 것을 얻겠다는 결심은 다른 사람들과 능숙하게 일하는 데 필요한 인내심을 준다. 원하는 것이 확고하지 않으면 쉽게 포기하거나 버려 버릴 수 있다. 원하는 것에 전념할 때 우리는 그 상황을 견딜 수 있는 능력을 갖는다. 결국 우리가 원하는 대로 될 것임을 알기 때문이다.

이런 결심은 강력한 힘이 있다. 매우 현실적인 방식으로 욕망의 간절함과 인내의 힘은 우리를 미래로 끌고 간다. 《최소 저항의 법칙》에서 로버트 프리츠가 지적한 것처럼 열정과 창의성의 상태에서 생겨난 욕망은 변하지 않기 때문이다. 이것은 안정적인 상태이고 에너지를 이동시키는 강력한 자석이 된다. 언제, 어떻게 달성할 수 있을지는 몰라도(바로 이 부분에서 인내심과 믿음이 필요하다) 간절한 욕망을 단단히 붙잡고 있다면 그것을 성취할 수 있다.

메이저리그 역사상 마지막 4할 타자 테드 윌리엄스Ted Williams는 소년 시절 단 하나의 목표를 가지고 있었다. "사람들이 '역사상 가장 위대한 타자 테드 윌리엄스'라고 말하게 하는 것"이었다. 죽기 얼마 전에 그는 역대 최고의 메이저리그 선수를 뽑는 올 센추리 팀All-Century Team에 지명됐다. 그가 경기장으로 나오자

원하는 것이 있다면 끝까지 버텨라

장내에 아나운서의 목소리가 울려 퍼졌다. "역사상 가장 위대한 타자 테드 윌리엄스입니다."

원하는 일을 이루지 못하고 있다면 원하는 것을 훨씬 더 강하게 불타오르게 하기 위해 좌절의 에너지를 활용할 수 있을지 생각해보자. 스스로에게 이렇게 말하라. 어떤 사람이나 사물이 내가 가는 길을 방해하면 할수록 나는 내가 진정으로 원하는 것에 더 집중할 뿐이다. 이런 결심은 시간을 지나 보내기 위한 속임수 그 이상의 효과가 있다. 실제로 꿈이 현실이 될 확률을 높인다.

나를 다 소진하지 말라

늦었어, 아주 중요한 모임에 늦었다고.

"안녕", "잘 가" 같은 말을 할 시간이 없어.

늦었어, 늦었어, 늦었어.

_루이스 캐롤Lewis Carroll 《이상한 나라의 앨리스》 중 흰 토끼의 말

실라와 테드는 결혼해서 어린 두 명의 자녀가 있다. 테드는 컴퓨터 프로그래머로 집에서 1시간 거리의 회사에서 일한다. 실라는 간호사이다. 아들이 유치원 오후반에 다니기 때문에 오전에 집에 있을 수 있게 야간 근무를 한다. 테드는 일찍 출근해서 아이들이 학교에서 집에 돌아오는 오후 3시에 집에 돌아온다. 테드와 실라는 메모를 써서 소통하고 주말을 제외하고는 깨어 있는 시간에 서로 보지 못한다.

"특별한 일이 없으면 잘 돌아가요." 최근 실라가 털어놓았다.

원하는 것이 있다면 끝까지 버텨라

"하지만 방학이 되거나 아이가 아프면 모든 것이 무너져버려요. 나는 다음번에는 언제 또 무슨 일이 생길지 걱정하며 늘 긴장 속에 살고 있어요." 실라는 아이들에게 끊임없이 인내심이 부족 해지는 것에 대해서도 토로했다. "애들이 나를 교관님이라고 부 른다니까요." 그녀가 탄식했다. 그런데 이게 놀랄 만한 일일까? 이 가족의 삶에는 숨 쉴 틈이 전혀 없다.

실라와 테드의 일상이 다른 대부분의 사람들보다 더 복잡해 보일 수는 있지만 이 부부만 이렇게 힘든 일상을 저글링하며 사 는 것은 아니다. 우리 모두 그렇게 살고 있다. 한 싱글맘이 최근 내게 편지를 보냈다. 친절하고 인내심 많은 사람이 되기 위해 최 선을 다하는데도 "제시간에 지하철을 타려고 할머니들을 거의 밀치다시피 하고 있더라고요. 아이들의 축구 코치가 정시에 연 습을 끝내주지 않으면 화가 나요. 다른 아이를 데리러 마을을 가 로질러 달려야 하거든요."

근래 미국에 사는 부부의 연평균 근무시간이 1980년보다 1년 에 100시간 더 늘었다는 통계를 봤다. 무려 100시간이나 더 일 을 한다! (게다가 미국인들은 유럽인들에 비해 1년에 400시간 정도를 더 일 한다. 유럽인들은 확실히 더 느긋하고 즐거운 삶을 사는 것처럼 보인다.) 우리 모두 지치고 성질이 급한 것은 어찌 보면 당연하다. 우리는 너무 많이 일하고 충분한 휴식을 취하지 않는다.

단순한 삶을 추구하자는 운동에도 불구하고 우리는 멈출 수가 없다. 1990년대에는 경제 호황의 한가운데에서 내 몫을 챙기려고 노력해야 했기 때문에 멈출 수가 없었다. 이제는 경기가 어려워져서 스스로의 가치를 증명하지 않으면 다시 구하기도 어려운 직장을 잃게 되기 때문에 멈출 수가 없다. 혹여 직장을 잃었다면 하루 종일 일자리를 찾아야만 한다. 집안일도 해야 하고, 아이들을 체육 수업과 학교에도 데려다줘야 하고, 교회에서 맡은 일도 해야 한다. 우리가 최선을 다하는 자기계발은 어떠한가? 운동은? 치실도 해줘야 한다. 이렇게 쓰기만 했는데도 피곤해진다. 우리가 인생의 장애물에 인내심을 잃는 건 당연하다.

그렇게 때문에 작가 도나 마르코바는 더 많은 인내심을 가질 수 있는 방법 중 하나는 가능한 한 언제 어디서나 자기 자신을 무리하게 소진시키지 않는 것이라고 말한다. 스무 가지 일을 하는 대신 열 가지 일을 하고, 외출하는 대신 낮잠을 자고, 회의에 늦을까봐 스트레스를 받지 않도록 30분 일찍 떠나라.

내가 아는 가장 인내심이 많은 사람들은 삶이 그들에게 어떤 어려움을 던져도 충분한 여유를 가지고 있다. 치아가 부러져도, 타이어에 펑크가 나도, 아이가 아파도 말이다. 그들의 삶은 그런 커브볼을 받아치기에 충분히 탄력적이고 그래서 인내심과 연민을 가지고 반응할 수 있다.

원하는 것이 있다면 끝까지 버텨라

어떻게 하면 자기 자신을 완전히 소진하지 않을 수 있는지 생각해봐라. 해야 할 일 중에서 아무것도 없애지 못할 것 같은가? 그것을 내가 한 선택, 원한다면 바꿀 수 있는 선택으로 보도록 노력해라.

실라는 자신이 다른 방법을 찾아보지 않고 혼자서 문제를 해결하기로 선택했다는 것을 깨달았다. 실라와 테드는 테드의 어머니를 모셔와 함께 살기로 했다. 이제는 언제나 대신 아이들을 돌봐주고 운전도 해줄 수 있는 조력자를 두게 된 것이다. 테드, 실라, 아이들은 훨씬 더 인내심이 많아졌고 행복해졌다.

당신은 어떻게 삶을 되찾을 수 있을까?

스스로에게 물어라, 여전히 날고 있는가?

우리는 모두 이미 일어난 일(그냥 기억일 뿐이다)과 일어날지도
모르는 일(그냥 생각일 뿐이다) 사이의 중간 과정에 매달려 있다.
어떤 일이 일어나는 유일한 시간은 지금 뿐이다.
깨어있는 삶을 산다면 무슨 일이 일어나는지 알 수 있다.

_실비아 부어스타인

남편은 장황하게 이야기를 한다. 몇 년이나 함께 살았으니 이제
는 내가 익숙해졌을 거라는 생각이 들지도 모르겠다. 최근에 남
편이 이렇게 이야기를 시작했다. "당신에게 하고 싶은 말이 있
는데, 이게 당신이 추진해온 사업에 나쁜 결과를 가져올 수 있
거든."

나는 남편이 말을 끝내기도 전에 심장이 뛰기 시작하면서 공
황 상태에 빠져 소리를 지르기 시작했다. "지금 당장 말해! 당장

말해보라고!"(인내심을 실천하는 건 여기까지다!) 내가 폭발하는 바람에 남편은 너무 당황해서 이야기를 꺼내는 데 꼬박 5분이 걸렸다.

나중에 내 반응을 되돌아보고 인내심을 잃게 되는 원인이 보통 무엇인지 생각해 봤더니 그것은 종종 어떤 두려움과 관련이 있었다. 어떤 일이 일어나면 나는 '지금 당장' 처리하지 않으면 그것이 나쁜 결과로 이어질 거라고 확신해 버리는 것이다.

그래서 아폴로 우주선에 탑승했던 우주비행사 앨런 빈Alan Bean에 대한 이야기를 읽었을 때 굉장히 마음이 끌렸다. 대부분의 우주비행사들처럼 빈은 우주선에 탑승하기 전에는 항공기의 성능을 시험하는 테스트 파일럿이었다. 이들 테스트 파일럿은 상공에서 무언가가 잘못되면 "여전히 날고 있는가?"라는 한 가지 질문을 하도록 훈련받는다. 조종사가 당황하지 않고 문제가 얼마나 심각한지를 마음속으로 평가해 침착하게 해결책을 도출할 수 있도록 돕는 방식이다.

빈은 아폴로 12호 캡슐에 있을 때 이 훈련이 도움이 됐다고 말했다. 우주선이 이륙할 때 벼락을 맞았다. 갑자기 계기판의 모든 경고등이 깜박였고 탑승한 우주비행사들은 '뭐든 해야 한다'는 엄청난 압박감을 느꼈다. 그러다가 빈이 그 질문을 떠올렸다. 우주선은 여전히 날고 있었을 뿐만 아니라 여전히 올바른 방향,

즉 달을 향해 가고 있었다. 그래서 그는 모든 기능이 복구될 때까지 경고등을 하나씩 끄기 있게 손봤지만 임무는 중단하지 않기로 결정했다. 그리고 그들은 성공적으로 달에 도착했다.

당신과 내가 인내심을 잃는 이유가 번개 맞은 우주선에 탑승하고 있는 것만큼 당장 생명을 위협하는 문제는 아닐 것이다. 잠깐 멈춰서 '여전히 날고 있는가?'라고 묻는 것이 훨씬 더 가능한 상황일 것이다. 다시 말해서, 정말 생사가 걸린 상황에 놓인 것인지, 선택지를 침착하게 평가할 시간이 있는 것인지 물어볼 수 있다는 말이다.

남편이 이야기를 하는데 1분이 걸리든 4분이 걸리든 나는 즉각적인 위험 상황에 있는 것이 아니었다. 게다가 당연한 얘기지만 침착한 상태에서는 남편이 전하는 정보가 끔찍한 소식일지라도 훨씬 더 잘 처리할 수 있다.

다음에 누군가나 어떤 상황에 대해 인내심이 바닥날 것 같으면 테스트 파일럿들이 하는 질문을 해봐라. "여전히 날고 있는가?" 당신에게 절실하게 필요한 관점을 회복할 수 있는 좋은 방법이다.

원하는 것이 있다면 끝까지 버텨라

THE POWER OF
PATIENCE

5장

인내심을 높이는
더 간단한 방법들

4장에서 제시한 방법 외에도 인내심을 높이기 위해 즉석에서 할 수 있는 쉬운 방법들이 있다. 20가지 간단한 방법을 소개한다.

1. **큰 프로젝트를 진행 중에 있다면 작업이 얼마나 남았는지에 주목하지 말고 진척률에 주목해라.** '유리산에 물이 반이나 남았다'는 식의 접근법은 긍정적인 사고를 할 수 있게 해 인내심을 향상시킨다. 배를 만드는 것에 대해 어떤 사람은 이렇게 썼다. "얼마나 오래 걸릴지는 생각하지 않는다. 대신 얼마나 많이 완성했는가를 본다."

2. **직장이나 집에서 인내심의 한계에 도달했다면 힘차게 걷거나 조깅을 해봐라.** 체내에 축적된 스트레스 호르몬을 태워버리고, 집이나 직장으로 돌아왔을 때 인내심을 다시 불러일으킬 수 있을 것이다.

3. **격렬한 상황에서 말하기 전에 열을 세라는 오래된 속담은 큰**

원하는 것이 있다면 끝까지 버텨라

효과가 있다. 열을 세면서 나에게 정말 중요한 것이 무엇인지 떠올릴 수 있고, 열기를 날리거나 효과적인 해결책을 찾을 수 있다. 열을 세도 부족하면 스물까지 세자. 계속 숫자를 세라!

4. **배우자에게 잔소리를 하는 대신 나를 짜증 나게 하는 요인에 대한 실용적인 해결책을 찾아라.** 사랑하는 배우자가 늘 얼음 통을 채워놓는 것을 잊어서 화가 난다면 자동으로 얼음을 얼리는 냉장고를 사라. 치약 뚜껑을 열어놔서 화가 난다면 펌프형 치약을 사라. 찾아보면 아주 간단한 해결책이 많이 존재한다.

5. **주머니에 작은 조약돌을 넣고 다녀라.** 짜증이 솟아오르기 시작하면 한쪽 주머니에서 다른 쪽 주머니로 조약돌을 옮겨라. 분노의 사이클이 도는 것을 방해하고 마음을 가다듬을 기회를 제공할 것이다.

6. **줄을 서서 기다릴 때 머릿속으로 휴가를 떠나라.** 생각할 수 있는 가장 평화로운 장소를 떠올려라. 그곳에 있는 나를 보고, 느끼고, 들어라. 그 장소가 마음속에 불러일으키는

느낌을 떠올려라. 얼마나 오래 기다려야 하는지는 신경 쓰지 말고 타히티나 알프스로 잠깐 떠날 수 있는 이 기회를 즐겨라.

7. **자녀, 부모, 배우자 때문에 피가 끓어오를 때는 당신이 세상에 어떤 유산을 남기고 싶은지 떠올려라.** 아버지가 임종할 때 넌 착한 자식이었다고 말해주기를 바라는가? 아들이 인내심 있는 스승이 되어주어 고맙다고 하기를 바라는가? 세상을 떠난 뒤 어떻게 기억되고 싶은지 생각해보고 인간관계에 시련이 오면 그것을 떠올려라.

8. **감사함을 표현하는 것으로 인내심 증진 운동을 시작해라.** 내가 올바른 변화를 이루기 위해 헛발질할 때, 다른 사람들을 기다리게 만들었을 때 나에게 인내심을 가져준 사람들에게 감사함을 표현해라. 감사를 표시하면 상대와 나의 긴장이 완화되고 다른 사람들도 나중에 마찬가지 상황이 되면 똑같이 감사를 표시하게 될 것이다.

9. **작은 성취를 축하하라.** 큰 프로젝트를 맡았을 때처럼 어떤 결실을 맺기 위해 오랜 시간을 기다려야 할 때 중간 중간

원하는 것이 있다면 끝까지 버텨라

작은 성취를 축하하자. 보고서를 열 장이나 썼다면? 점심을 먹으러 가는 것이다. 성취에 대해 스스로 보상을 해주면 계속 밀고 나갈 수 있는 회복력이 생긴다.

10. **명상할 시간이 없다면 걷기 명상**walking meditation**을 하기 위해 줄을 서서 기다리는 시간을 활용하라.** 바닥을 딛고 있는 발을 느낀다. 천천히 한쪽 발을 들고 그 느낌을 느낀다. 모든 과정을 의식하며 조심스럽게 들었던 발을 내려놓고 다른 쪽 발을 들었다가 다시 내려놓는다. 발을 올리고 내려놓는 과정에 얼마나 오래 집중할 수 있는지 봐라. 마음을 종잡을 수 없을 때는 천천히 걸음에 주의를 집중해라. 기다리는 동안 더 차분해질 뿐만 아니라 인내심의 근육을 키울 수 있을 것이다.

11. **컴퓨터가 부팅되기를 기다리는 중에는 몸에 힘을 빼고 등과 목 근육을 이완시켜라.** 책상에서 물러나 무릎과 발을 30센티미터 정도 간격으로 벌리고 의자 가장자리에 앉아라. 머리를 무릎 사이에 떨어뜨리고 양손은 발 사이 바닥에 놓는다. 호흡하면서 짜증과 긴장이 몸에서 바닥으로 흘러나가게 한다.

12. **빨간불 명상을 해본다.** 빨간 신호에 걸렸을 때, 상대가 전화 받기를 기다릴 때 등 기다려야 하는 상황에서 의식적인 호흡을 세 번 한다. 호흡을 바꾸려고 하지 말고 그저 내가 어떻게 숨을 들이쉬고 내쉬는지에 집중해라.

13. **집안일을 하면서 마음 챙김을 실천해라.** 예를 들어, 식탁을 닦을 때도 지금 하고 있는 일에 온전히 몰입한다. 앞뒤로 움직이는 팔을 느껴라. 내가 만들어내는 깨끗함을 즐겨라. 생각 없이 할 때보다 더 오래 걸리지 않을 것이고 완전히 그 행동의 즐거움에 빠져 집안일에 더 많은 인내심을 갖게 될 것이다.

14. **카페인을 줄이거나 끊어라.** 카페인은 신경과민과 초조함을 유발한다. 인생을 의연하게 받아들이기 어렵게 한다. 한 연구에 따르면 미국인의 절반 이상이 하루 권장량인 200밀리그램 이상의 카페인을 섭취한다고 한다. (커피 한 잔에는 평균 100밀리그램의 카페인이 들어있다.) 나는 아이스티를 하루 1리터씩 마시는 나 자신을 발견하고 디카페인으로 바꿨다. 물론 하루 정도는 눈을 뜰 수 없을 정도의 두통에 시달렸지만 침착함과 인내심이 높아지는 것에 대한 대가로 그만한 가치

원하는 것이 있다면 끝까지 버텨라

가 있었다.

15. **다른 사람이 이야기할 때 경청하라.** 살면서 상대방의 인내심이 필요했던 상황, 상대방이 나에게 인내심을 베풀었을 때를 떠올려봐라. 인내심이 갖는 치유의 힘을 기억한다면 다른 사람들에게 더 많은 인내심을 베풀 수 있을 것이다.

16. **올바른 사람이 되겠는가, 유능한 사람이 되겠는가? 스스로에게 질문하라.** 누군가와 갈등을 겪을 때 떠올리면 좋은 질문이다. 목표를 전면에 두고 인내심을 유지해야 할 필요가 있을 때마다 스스로에게 이 질문을 던져라.

17. **영감을 주는 인용구를 자주 읽어라.** 좋은 인용구와 문장을 찾아서(이 책에도 많이 나온다) 컴퓨터에, 욕실 거울에, 자동차에 붙여놓자. 인내심이 빠져나가는 것 같으면 적어놓은 글을 읽고 즉시 부스터샷을 맞자.

18. **도움을 구해라.** 과중한 짐을 지고 있어서 인내심을 잃는 경우가 아주 많다. 일을 많이 했다고 인생의 마지막에 누가 상을 주는 것도 아니다. 아무리 기진맥진한 상태에서 일을

했다고 해도 말이다.

19. **나 자신이나 내가 처한 상황을 보고 웃어 보자.** 농담은 힘이 세다. 크리스토퍼 리브는 농담이 그에게 얼마나 큰 도움이 되었는지 썼다. 그는 전신마비 초기에 어떻게 지내냐는 질문을 받으면 "음, 목이 좀 따끔거리고, 코가 가렵고, 손톱을 깎아야 해요. 아, 그런데 마비가 됐답니다"라고 대답했다.

20. **마음의 이완 운동을 하라.** 직장에서 짜증을 잘 내는가? 그렇다면 온라인으로 마음이 편안해지는 사진과 음악, 책상에서 할 수 있는 이완 운동을 찾는다. 웃고 싶다면 www.theonion.com(풍자 기사를 발행하는 미국의 뉴스 웹사이트 - 옮긴이)을 방문하라.

THE POWER OF

PATIENCE

6장

결국, 나 자신을 참을 수 있는
사람이 성공한다

모든 것에 인내심을 가지되

특히 나 자신에게 인내심을 가져라.

매일 새롭게 다시 인내심을 가져라.

_성 프란치스코 드 살 St. Francis de Sales

언젠가 우연히 "인내심이 강한 자는 자신을 참을 수 있는 사람"
이라는 인용구를 본 적이 있다. 시간이 지나면서 이 말에 담긴
지혜와 이번 장을 시작하며 소개한 성 프란치스코 드 살의 격언
을 더 잘 이해하게 됐다. 인내심을 기르는 과정에서 우리는 비틀
거릴 때나 날아오를 때에도, 우리가 가진 그 모든 결함과 아름다
움에도 스스로를 사랑할 것을 요구받는다.

인내심에 대해 오래 생각을 거듭할수록 인내심 부족은 사실
완벽주의의 한 증상이라는 것을 깨닫게 됐다. 나 자신과 다른 사
람들이 완벽하길 기대한다면, 지하철이나 엘리베이터, 자동응답
시스템에 아무런 결점이 없기를 바란다면, 짐을 잃어버리거나
일정표가 소용없어져 버렸거나 웨이터가 무례하거나 배우자의

가족들이 까다롭다거나 아이들이 말을 안 듣는 상황처럼 불완전함이 드러나게 되면 그때마다 늘 인내심을 잃을 것이다. 반대로 삶은 엉망이고 예측할 수 없다고, 사람들은 최선을 다해 살지만 어설프다고 인식할수록 우리 주변의 상황과 사람들에게 더 많은 인내심을 발휘할 수 있다.

다만 나의 약점과 실패에 연민과 호기심을 갖고 스스로에게 먼저 인내를 갖지 않으면 주변의 상황과 사람들에게도 인내심을 발휘할 수 없다. 자기 자신에게 완벽함을 기대한다면 경직되고, 융통성이 없으며, 비판적인 사람이 된다. 어떤 실수도 용납할 수 없기 때문에 실수를 하면 그것을 밀어내고 아무 일도 없었던 척한다. 실수로부터 배우지 않으며 따라서 실수를 반복한다. 반면 우리가 스스로를 다정한 어머니가 갓 태어난 아이를 대하듯 다정하고 온화하게 대한다면 실수를 인정하고 미래에 더 현명한 선택을 할 수 있을 것이다.

인내심이라는 마음의 습관을 길러 나갈 때 우리는 충분히 스스로의 자비mercy를 받을 자격이 있다. '자비'는 촌스러운 말이다. 요즘에는 이 말을 잘 쓰지 않는다. 프랑스의 철학자 앙드레 콩트-스퐁빌André Comte-Sponville은 "자비는 용서의 미덕이다. … 자비는 그 목적에 이르지 못한 사람들까지 수용하는 길이다"라고 썼다.

나는 자비라는 말을 참 좋아한다. 의미 중에 어려움에 빠진 사람을 연민을 가지고 대한다는 뜻이 있기 때문이다. 스스로에게 자비를 베풀 때 우리는 나의 어려움과 짜증, 분노를 부드럽게 끌어안는다. 자비는 마음을 움직여 우리를 변화시킨다. 완벽해야 한다는 굳은 고집을 녹인다. 스스로의 기준에 부합하지 못했다하더라도 어쨌든 있는 그대로의 나 자신을 사랑하고 아끼게 한다. 상처를 입었더라도 강인하게 말이다. 나 자신에게 더 많은 사랑과 자비를 쏟을수록 이 완벽하지 않은 세상에 살고 있는 불완전한 사람들에게 더 많은 인내심이 흘러갈 것이다.

사랑과 인내는 인간 삶의 토대인 DNA처럼 서로 얽혀 있다. 사랑하면 나 자신과 다른 사람들, 인생 그 자체에 인내심을 가질 수 있다. 인내심을 가지면 나 자신과 다른 사람들, 신비롭고 경이로운 삶의 여정을 사랑할 수 있다. 사랑과 인내심은 서로 영향을 미치고 의지하며 필연적으로 서로에 대해 가르쳐준다.

헨리 드러먼드Henry Drummond는 19세기에 가장 큰 영감을 주는 작가들 중 한 명으로《사랑, 세상에서 가장 위대한The Greatest Thing in the World》이라는 제목의 베스트셀러를 썼다. 이 책에서 그는 말한다.

"세상은 놀이터가 아니라 교실이다. 인생은 방학이 아니라 수업 시간이다. 그렇기 때문에 모든 사람에게 영원한 한 가지 질문

원하는 것이 있다면 끝까지 버텨라

이 있다. '어떻게 하면 더 잘 사랑할 수 있을까'하는 것이다."

　당신의 인내심이 당신에게 거대한 시련에 맞설 수 있는 능력을 주길. 자기 자신과 다른 사람들에 대한 당신의 사랑이 모두를 위해 세상에서 밝게 빛날 때까지 인내심을 성장시키길.

감사의 말

모든 일에 있어서 나를 지지해주고 내가 그녀를 통해서 배운 것들을 관대하게 나눌 수 있게 허락해준 도나 마르코바에게 넘치는 감사를 보낸다. 도나는 인내를 연습하는 방법에 대해 여러 가지 의견을 제시해주었다. 더불어 인내는 동사라고 생각하는 그녀의 관점은 이 책을 쓰는데 특히 많은 도움이 됐다. 인간의 진정한 변화를 가져오는 것에 관해 도나는 내가 아는 가장 현명한 사람이다.

남편 도널드 맥일레이스에게도 무한한 감사를 드린다. 도널드는 그의 삶과 우리의 관계에 대해 내가 아주 많은 부분을 이야기할 수 있게 허락해주었을 뿐만 아니라, 나에게 인내심을 가르쳐주는 최고의 스승 중 한 명이다. 우리 딸 애나 리에게도 존경과 감사의 인사를 보낸다. 애나는 인내심이라는 측면에서도, 그 밖의 여러 면에서도 아주 현명한 아이이다. 주말에도 너무 많

원하는 것이 있다면 끝까지 버텨라

이 일하는 엄마를 인내심 있게 참아줘서 고맙다.

보니 클라크, 캐시 코벳, 타이제스트 스콧, 특히 돈. 이분들이 애나를 사랑으로 돌봐주신 덕분에 빠듯한 마감 일정에도 이 책을 쓸 수 있었다. 릭 웨이스, 메리 베스 새먼스, 바브 파멧, 수지 콜에게도 감사 인사를 드린다. 이 책의 스토리와 콘셉트를 잡는 데 도움을 주셨고 건설적인 비평을 아끼지 않았으며 내가 같은 이야기를 반복하지 않도록 도와주셨다. 로빈 랭킨에게도 감사를 전한다. 마감일이 가까워졌을 때 나를 도와준 프로페셔널 싱킹 파트너스의 다른 동료들, 앤디 브라이너, 데이브 펙, 엔지 맥아서에게도 감사 인사를 보낸다.

나와 오랫동안 함께 해온 코너리 출판사와 그곳의 재능 있는 모든 직원들에게도 고마움을 표시하고 싶다. 함께 '변화를 만드는 책'을 만들 수 있게 되어 영광이었다. 그리고 이 책을 세상으로 다시 불러준 얀 존슨에게는 특별한 감사의 인사를 드린다.

마지막으로 이 책의 매 장마다 나오는 훌륭한 격언들을 남긴 작가들과 본인의 감정적이고 정신적인 성장기를 나에게 공유해준 고객들과 친구들에게도 깊은 감사의 인사를 드린다. 고객과 친구들의 사생활을 보호하기 위해 이름과 이야기의 세부 내용은 바꿨지만 그들이 나에게 가르쳐준 것, 우리가 함께 배운 것들의 정신은 남아있기를 바란다.

감사의 말

급하고 성취욕 높은 당신을 위한 인내심 습관

원하는 것이 있다면
끝까지 버텨라

초판 1쇄 인쇄 | 2023년 2월 13일
초판 1쇄 발행 | 2023년 2월 21일

지은이　　　| M. J. 라이언
펴낸이　　　| 전준석
펴낸곳　　　| 시크릿하우스
주소　　　　| 서울특별시 마포구 독막로3길 51, 402호
대표전화　　| 02-6339-0117
팩스　　　　| 02-304-9122
이메일　　　| secret@jstone.biz
블로그　　　| blog.naver.com/jstone2018
페이스북　　| @secrethouse2018
인스타그램　| @secrethouse_book
출판등록　　| 2018년 10월 1일 제2019-000001호

ISBN 979-11-92312-38-5 03320